根据 2017 年版《普通高中语文课程标准》编写

新课标 新语文 新学习 丛书

丛书主编 褚树荣

本册主编 欧阳凯

学习任务群 **10**

中国现当代作家作品研习

百年歌阕

上海教育出版社
SHANGHAI EDUCATIONAL PUBLISHING HOUSE

丛书主编 褚树荣

本册主编 欧阳凯

本册编委 程载国　高爱敏　欧阳凯
　　　　　　肖　伟　应晓静　杨巧琳
　　　　　　周　宋　查婺波

目 录

写在前面 ...1

学习导航

按图索骥 ...3
课标传真 ...4

他山之玉

案例描述 ...7
  通向春天的读书课——我和经典夜读小组的故事 ...7
  走近周树人——鲁迅专题学习设计 ...11
  我们是怎样学习《麦克斯白》的 ...14
助学指津 ...18

专题问道

专题1 曾经的路途——现当代文学史梳理 ...23
含英咀华 ...24
  二十世纪中国文学纪事／陈平原 ...24
  《中国现代小说史》序／夏志清 ...29

实践笃行 …32
  太太的客厅——新月诗派研讨会 …32

专题2 缪斯的眼神——现当代诗歌研习 …36

含英咀华 …37
  太阳／艾　青 …37
  在寒冷的腊月的夜里／穆　旦 …39
  什么能从我们身上脱落／冯　至 …41
  回答／北　岛 …42
  短诗一组 …44

实践笃行 …47
  月光诗会——现代诗歌朗诵会 …47

专题3 人生的况味——现当代散文研习 …51

含英咀华 …52
  故乡的野菜／周作人 …52
  聂子其人／韩少功 …54
  轻轻地走与轻轻地来／史铁生 …57
  寒风吹彻／刘亮程 …61

实践笃行 …66
  烛光读吧——追思"轮椅上的舞者"史铁生 …66

专题4 杨树的倒影——现当代小说研习 …71

含英咀华 …72
  边城／沈从文 …72
  围城／钱锺书 …75
  倾城之恋／张爱玲 …80
  褐色鸟群／格　非 …83

实践笃行 …91
  有胆，你就秀出来——《平凡的世界》读书笔记展 …91

目 录

专题5 舞台你我他——现当代戏剧研习 ...97

含英咀华 ...98

　　日出／曹　禺 ...98

　　耶稣·孔子·披头士列侬／沙叶新 ...105

　　蒋公的面子／温方伊 ...111

实践笃行 ...118

　　小舞厅　大上海——《日出》课堂品演活动 ...118

专题6 别有幽情生——港台文学研习 ...124

含英咀华 ...125

　　众荷喧哗／洛　夫 ...125

　　生命／郑愁予 ...127

　　中国在我墙上／王鼎钧 ...128

　　猛虎和蔷薇／余光中 ...131

　　满抽屉的寂寞／董　桥 ...133

　　思旧赋／白先勇 ...136

　　黄丝带／喻丽清 ...142

实践笃行 ...144

　　成长的欢歌——一场演绎台湾文学经典的生日会 ...144

锦心绣口

应世致用 ...151

变异之美 ...151

互动对话 ...155

朗诵 ...155

我学我秀

展览平台 ⋯163
自我评估 ⋯168

知识附录

参考答案 ⋯185
其他附录 ⋯203

后　记 ⋯208

写在前面

　　在语文学习的道路上你跋涉许久,那些语词构成的密林,有时让你怅然若失,有时又使你茅塞顿开。在阅读前人中你一一收藏人类的智慧之光,在表达自我时你一一点亮自己的心灵之火。在无数个阳光灿烂的午后,或是星光明亮的夜晚,你被这样的火光牵引,走进书本,走向生活。这样的时刻可以称为"生命的唤醒"了,而我们就出现在这样的时刻里。我们有一个共同的名字——"语文树",我们希望以树的形象和你站在一起,共同领略高处和远处的风景——《新课标 新语文 新学习》丛书。为了让你能与她相遇,我们努力了两年。希望这是一场温暖而让人百感交集的旅程,在旅程的起点,让我们暂缓脚步,听一场模拟对话吧。

新课标:语文学习"风向标"

生:老师,您是语文学习的"过来人",能谈谈如何学习语文吗?

师:"学"的本义是一个人在手把手地教习"爻","习"的本义是雏鸟练习飞出鸟窝,所以,"学"是知识的授受,"习"是技能的运用。古人云:"学而时习之,不亦说乎?"学到的知识能放到生活中去为我所用,这才是快乐的事情!语文学习也不例外,一定要注重知识学习和社会实践,要"知行合一"。

生:语文学习离不开语文实践,这个道理大家都懂。国家在课程标准、语文教材等方面有相应的倡导吗?

师:《普通高中语文课程标准(2017年版)》是课程设置、教材编写、教学实施、考试评价的"国字号"文件。"核心素养"和"学习任务群"是其中的两大亮点。关于语文核心素养,很多专家发表过高见。现在看,还是《普通高中语文课程标准(2017年版)》的说法比较权威:

  语文学科核心素养是学生在积极的语言实践活动中积累与构建起来,并在真实的语言运用情境中表现出来的语言能力及其品质;是学生在语文学习中获得的语言知识与语言能力,思维方法和思维品质,情感、态度与价值观的综合体现。主要包括"语言建构与运用""思维发展与提升""审美鉴赏与创造""文化传承与理解"四个方面。

生:四个方面是语文学习的四大领域吧?这四种核心素养怎样才能提高呢?

师:它既是四种核心素养,也关涉四大关键能力,同时也是四个学习领域。为了培育语文核心素养,《普通高中语文课程标准(2017年版)》设置了18个学习任务群,分布在高中三年中修习。

请看下表:

学习任务群	学分安排		
	必修	选择性必修	选修(任选)
1 整本书阅读与研讨	1		
2 当代文化参与	0.5		
3 跨媒介阅读与交流	0.5		
4 语言积累、梳理与探究	1	1	
5 文学阅读与写作	2.5		
6 思辨性阅读与表达	1.5		
7 实用性阅读与交流	1		
8 中华传统文化经典研习		2	
9 中国革命传统作品研习		0.5	
10 中国现当代作家作品研习		0.5	
11 外国作家作品研习		1	
12 科学与文化论著研习		1	
13 汉字汉语专题研讨			2
14 中华传统文化专题研讨			2

写在前面

(续表)

学习任务群	学分安排		
	必修	选择性必修	选修（任选）
15 中国革命传统作品专题研讨			2
16 中国现当代作家作品专题研讨			2
17 跨文化专题研讨			2
18 学术论著专题研讨			2
总计	8	6	12

课标组专家进行了大量研究，数易其稿，提出了18个学习任务群。那么，如何把这18个学习任务群分解成学习专题？分解成什么样的学习专题？如何学习这些专题？对你们来说，解决这三个问题是语文学习的核心任务。但目前还没有人提供系统的指导和现成的资源，这也是我们策划这套丛书的良苦用心。

新语文：培植语文大树

生： 通过您的解释，我们理解了"新课标"之"新"。那么，"新语文"又"新"在何处呢？

师： 一个"新"字，表明我们开发了新的语文学习内容。我们在策划专题时，充分考虑了四个标准。一是阅读选文的权威性和时代性。选文要经过历史沉淀，尽量体现经典权威，要搭准时代的脉搏，你们看到的文章应该有相当的新鲜度。二是呈现方式的生动性和悦纳性。你们是学生，不是研究专家，文章选择、活动设计和陈述语体，我们尽量保持喜闻乐见的面孔和平等对话的态度。三是活动设计的操作性和选择性。不管是文本阅读还是活动实践，我们都考虑到简单易行，照顾到弹性选择。四是价值追求的普世性和多元化。开放的眼光、宽容的心态和普世的价值，对你们来说，也是一种核心素养。这方面争取与现行教材成为互补。因为坚持这四条标准，所以这套丛书的内容、结构和呈现不同于以往任何一种教材和教辅。

生： 这样看来，专题策划是重中之重。你们是怎样考虑的呢？

师：专题策划，我们郑重其事。我们把每个任务群分解成若干个学习专题，一共形成119个专题，每个专题主要分成"含英咀华（学者谈片等）""实践笃行"两类活动，加上每个任务群的综合写作和口语活动，共计270次语文学习活动。这样，活动指向专题，专题指向任务群，任务群指向核心素养。如右图所示：

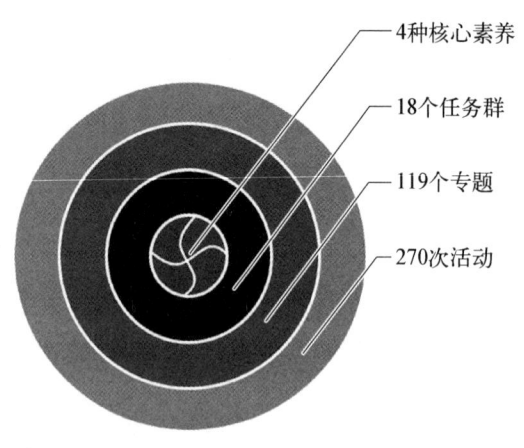

生：看来专题内容就是学习的基本内容，119个专题都涉及哪些内容呢？

师：119个专题的名称和学习范围如下，右边的学时是课标规定的，供同学们课外安排。

学习任务群	专题名称	专题内容	学时
1. 整本书阅读与研讨	1. 阅读的奥秘	整本书的阅读策略与方法	18课时
	2. 理性的光辉	理解性、接受性阅读	
	3. 向深处追溯	拓展性、探究性阅读	
	4. 对话的姿态	参证性、批判性阅读	
	5. 把珍珠穿起	群文性、类型化阅读	
	6. 让心灵遇见	消遣性、休闲性阅读	
2. 当代文化参与	1. 聚焦与透视	关注并调查社会文化热点	9课时
	2. 参与和建构	策划并参与当代文化活动	
	3. 探索与研究	探索并评价当代文化现象	
	4. 尊重与理解	养成尊重多元文化的意识	
	5. 保护与传承	策划民俗文化的现代传承	
3. 跨媒介阅读与交流	1. 拥抱新媒介	了解新媒体的种类和特点	9课时
	2. 媒体三棱镜	理解不同媒介的同题表达	
	3. 理性的眼神	学会辨别媒体立场和态度	
	4. 媒介小达人	学习跨媒介技术传播资讯	
	5. 跨界共同体	创建跨媒介学习共同体	

写在前面

(续表)

学习任务群	专题名称		专题内容	学时
4. 语言积累、梳理与探究；13. 汉字汉语专题研讨	上编	1. 走向符号化	理解汉字简化，能够识繁写简	72课时
		2. 意义关系网	了解语义与语境的关系	
		3. 语义的河流	了解词义的类型及其流变	
		4. 格式化的语言	理解并正确使用熟语	
		5. 情境中的约定	学习语用的规律和规范	
		6. 修辞立其诚	了解并运用修辞提高表达效果	
		7. 生活小逻辑	了解逻辑，提高语用的逻辑性	
	下编	8. 语言的魔方	对联的欣赏与写作	
		9. 时代晴雨表	了解民谣背后的社会和民生	
		10. 歧路中抉择	了解文言白话的特点及其分离	
		11. 语言的狂欢	了解网络语言，认识语言规范	
		12. 文化全息码	探究汉字与文化的关系	
5. 文学阅读与写作	文字秘密	1. 超越惯性	了解诗歌的陌生化技巧	45课时
		2. 文质彬彬	了解散文的知性与感性	
		3. 河的第三条岸	了解小说的想象与虚构	
		4. 尺水里的波澜	了解戏剧的冲突与巧合	
	大地事件	5. 灵魂没有白发	文学"成长"母题阅读与写作	
		6. 零度以上的风景	文学"爱情"母题阅读与写作	
		7. 倒下的真理	文学"战争"母题阅读与写作	
		8. 我应该是一阵风	文学"自然"母题阅读与写作	
		9. 旧故里草木深	文学"故乡"母题阅读与写作	
	大师法则	10. 站在文学背后	创作与鉴赏的理论研习	
6. 思辨性阅读与表达		1. 谬误与审辨	了解思辨的误区和审慎的说理	27课时
		2. 经典的回响	研读经典的论述文本	
		3. 公民的情怀	关注并评论公共事件	
		4. 别样的声音	研读争鸣、答辩类文本	
		5. 价值的困境	理解人性和人生的多元性	
		6. 阐幽与发微	阐释文的阅读与写作	
		7. 证据与逻辑	立论文的阅读与写作	
		8. 对话与驳诘	驳论文的阅读与写作	

(续表)

学习任务群	专题名称	专题内容	学时
7. 实用性阅读与交流	1. 运筹帷幄	策划书的阅读及写作	18课时
	2. 谈言微中	访谈的设计和实录	
	3. 走进现场	沙龙对话和演讲活动	
	4. 亮出你自己	面试活动及相关写作	
	5. 社会广角镜	时评的阅读和写作	
	6. 电子工作坊	新媒体的阅读和表达	
	7. 求真之眼	复杂说明文的阅读	
8. 中华传统文化经典研习	1. 春秋笔法	古代史事传记研习	36课时
	2. 寂寞圣贤	古代诸子散文研习	
	3. 名士情怀	古代游记小品研习	
	4. 心灵律动	古代诗词散曲研习	
	5. 铺采摛文	古代骈文辞赋研习	
	6. 应世致用	古代书信公牍研习	
	7. 仁心写真	古代序跋碑志研习	
	8. 瑰奇想象	古代志怪传奇研习	
9. 中国革命传统作品研习；15. 中国革命传统作品专题研讨	上编 1. 得体与审美	"红色"作品文学性研读	9课时
	上编 2. 严密与崇高	"红色"作品思辨性研读	
	上编 3. 写实与宣传	"红色"作品实用性研读	
	下编 4. 匕首与投枪	鲁迅杂文专题研讨	36课时
	下编 5. 一代天骄	毛泽东诗词专题研讨	
	下编 6. 红色舞台	"红色"经典剧本专题研讨	
	下编 7. 大地的歌吟	"白洋淀派"小说专题研讨	
	下编 8. 时代的乐章	当代散文三大家专题研讨	
	下编 9. 黎明的通知	艾青诗歌专题研讨	
	下编 10. 科学之春	徐迟报告文学专题研讨	
10. 中国现当代作家作品研习	1. 曾经的路途	现当代文学史梳理	9课时
	2. 缪斯的眼神	现当代诗歌研习	
	3. 人生的况味	现当代散文研习	
	4. 杨树的倒影	现当代小说研习	
	5. 舞台你我他	现当代戏剧研习	
	6. 别有幽情生	港台文学研习	

写在前面

(续表)

学习任务群	专题名称	专题内容	学时
11. 外国作家作品研习	1. 文明的滥觞	外国古代文学作品研习	18课时
	2. 精神的宇宙	外国文艺复兴文学作品研习	
	3. 求索与救赎	外国近代文学作品研习	
	4. 荒诞与魔幻	外国现代主义文学作品研习	
	5. 历险与抗争	美国文学作品研习	
	6. 东方的情思	东方近现代文学作品研习	
12. 科学与文化论著研习	1. 生态因果链	生态与环境类文本研习	18课时
	2. 潘多拉魔盒	生物与基因类文本研习	
	3. 天道近物理	天文与物理类文本研习	
	4. 逻各斯密码	数学与逻辑类文本研习	
	5. 科学的圣殿	科学与哲学类文本研习	
	6. 遇见在巅峰	科学与人文类文本研习	
14. 中华传统文化专题研讨	1. 批判与继承	传统文化的现代观照	36课时
	2. 仁义与中庸	儒家文化专题研讨	
	3. 逍遥与隐逸	道家文化专题研讨	
	4. 性命与慈悲	佛教文化专题研讨	
	5. 生克与消长	阴阳五行文化专题研讨	
	6. 血缘与亲情	宗族文化专题研讨	
	7. 祈祷与禁忌	民俗文化专题研讨	
	8. 象征与暗示	汉语文化专题研讨	
16. 中国现当代作家作品专题研讨	1. 诺奖情缘	诺贝尔文学奖获奖作品欣赏	36课时
	2. 琴心剑胆	中国武侠文学欣赏	
	3. 朦胧诗界	中国现当代朦胧诗欣赏	
	4. 时代样板	现代京剧经典唱词欣赏	
	5. 精神寻根	寻根派文学研讨	
	6. 实验先锋	先锋派文学研讨	
	7. 超体空间	科幻作品研读及创作	
	8. 古典格局	章回体小说研讨	
17. 跨文化专题研讨	1. 永恒的爱情	探究爱情在中外戏剧中的表现	36课时
	2. 走出苦难	中西方文学对苦难的救赎	

(续表)

学习任务群	专题名称	专题内容	学时
17. 跨文化专题研讨	3. 文本的旅行	探究英汉传译的文化意义	36课时
	4. 镜头下的异域	探究东西方文化碰撞与融合	
	5. 你追求的真实	审视外媒视角下的中国事件	
	6. 不一样的狂欢	中西方节日文化比较	
	7. 从对方眼中发现	西方汉学家笔下的中国古典风流	
18. 学术论著专题研讨	1. 涵盖乾坤	哲学类论著选文研读	36课时
	2. 平正中和	政治类论著选文研读	
	3. 经世济民	经济类论著选文研读	
	4. 返观内照	文化类论著选文研读	
	5. 光风霁月	教育类论著选文研读	
	6. 曲院风荷	艺术类论著选文研读	
	7. 凝固美学	建筑类论著选文研读	

生：这样的内容确实跟现有的教材不一样！还有哪些写作和口语交际活动呢？

师：你们最终要进入社会，阅读、写作和听说三者不可偏废，尤其是听说能力，其重要性远在阅读与写作之上，但目前这一块非常薄弱。因此，写作和口语交际是非常重要的课程内容。我们对写作和口语的训练点分解布局如下：

学习任务群	写作训练			口语训练	
	训练点	训练内容	文体	训练点	训练内容
1. 整本书阅读与研讨	摘录与批注	训练摘录与批注，培养良好的读书习惯	读书笔记	推介	介绍和推荐，突出被推介者的特色，让他人接受和认同
2. 当代文化参与	选点与提纲	筛选主题，分解提纲，确立行动框架	调查访谈	采访	根据提纲采访，实施调查，获取需要的信息
3. 跨媒介阅读与交流	技术与媒介	了解新媒体知识，训练相关媒体的运用技能	媒体交流	主持	关注主题，把控现场，串联话题，启发互动，完成跨界交流

写在前面

(续表)

学习任务群	写作训练			口语训练	
	训练点	训练内容	文体	训练点	训练内容
4. 语言积累、梳理与探究； 13. 汉字汉语专题研讨	解释和说明	训练解释和说明的方法，促进阅读理解	说明文类	申诉	申告和诉求，提出要求、愿望，表达利益关切
5. 文学阅读与写作	虚构中的真实	学习想象虚构技巧，增进文学素养	微型小说	讲述	讲述事件经过，还原事情真相，吸引听众的关注
6. 思辨性阅读与表达	基于证据的推理	训练围绕观点组织证据，根据证据进行推理	立论驳论	辩论	就共同话题，与见解不同的人辩驳争论，阐述理由，申明观点
7. 实用性阅读与交流	公共事件报道	训练聚焦新闻事件，并作出客观表达	新闻通讯	演讲	面对公众表达立场、观点和情感，唤起听众共鸣
8. 中华传统文化经典研习	格式与韵律	了解古诗基本格律和范式，仿写古诗词和对联	仿古诗词	倾听	在口语情境中，倾听对方，获得真实和重要的信息
9. 中国革命传统作品研习； 15. 中国革命传统作品专题研讨	广告与宣传	认识标语的广告功能，训练广告词或宣传标语的写作	广告标语	谈判	根据焦点问题，与不同利益方沟通，取得共识
10. 中国现当代作家作品研习	变异和陌生化	认识文学语言特点，训练文学地表达	现代诗歌	朗诵	各种文学朗读和诗词吟诵，用声音艺术感染人
11. 外国作家作品研习	神聚与形散	认识散文(随笔)的文体特征，训练相关写作技巧	散文随笔	聊天	掌握倾听、追问、附和、献疑、转换等谈话技巧，学会聊天
12. 科学与文化论著研习	设计和报告	认识验证与科学研究的关系，训练实验报告基本写法	实验报告	质询	就困惑处、怀疑处、否定处提出疑问和质询，引起回应
14. 中华传统文化专题研讨	创意与策划	学习策划主题活动，训练策划文案的写作	活动策划	论坛	在专题论坛上，限时发表简要观点，申明理由，获得听众认同

(续表)

学习任务群	写作训练			口语训练	
	训练点	训练内容	文体	训练点	训练内容
16. 中国现当代作家作品专题研讨	鉴赏和批评	简介评论的种类,训练时评和文评的写法	评论写作	讨论	就某个话题组织讨论,记录讨论内容,形成讨论结果
17. 跨文化专题研讨	译介信达雅	翻译的基本要求,训练古文、外文和现代散文的互译	翻译介绍	报告	在学术活动中简明扼要地向专家及听众汇报研究成果
18. 学术论著专题研讨	尊重学术规范	简介小论文写作规范,学习小论文写作	学术论文	答辩	在学术活动中解释自己的科研成果或论文,并答复专家的提问

新学习：转轨，以正确的姿态

生：学好该丛书,我们需要怎样的学习方式呢？

师：我们对于丛书的定位是：它是"学本",你们可以把它当作自学课程；也是"脚本",你们可以据此进行社会实践活动；也可以是"教本",教师把它作为统编教材的补充。其实,古往今来,人类任何一种有效的学习,本质上都是自学,都是运用。课外以自学、实践为主,依靠同伴互助,联结社会生活；课内比照、参考为辅,延伸老师讲解,拓宽学习视野,便是自学这套丛书的主要策略,这和多数同学的学习习惯形成互补关系,而不是取舍关系。

生：课内学习和课外活动的关系怎么处理呢？我们已经够忙了,哪里还有时间去完成课外活动呢？

师：必须承认,很少有人只靠课内学习就能够解决一切问题,同学们要思考的是,语文不是靠有限的几篇范文细嚼慢咽就能够提高素养的。朱熹说："问渠那得清如许,为有源头活水来。"语文素养犹如映照着天光云影的"半亩方塘",而语文实践犹如源源不断的"源头活水"。课内教材和课外自学,不是取舍关系,而应该"得

写在前面

而兼之"。作为在校生,更好的学习方法是"同步"和"配套"。同步,就是进度和节奏与学校课程保持一致。这套丛书的学习周期是三年。每个任务群的自学时间可以参照新课标规定,当然同学们也可以根据自己的学习实际灵活调配。"配套"是指内容上的相辅相成。课内学习哪个任务群,课外相应配套该任务群学本以拓宽和加深。这样,教师的教学和你们的自学形成联动,课内的指令性任务和课外自主性实践产生互补,效果更好。

生: 我们自学这套丛书时,书的框架体例能给我们怎样的帮助呢?

师: "写在前面"主要让你们了解整套丛书的框架和内容,从中我们可以发现,16册书形成了一个系统性的结构,与新课标18个任务群严丝合缝地对接,同时也指明学习目标、学习内容和学习方式。第一板块"学习导航"包括"按图索骥"和"课标传真",前者是学习专题的形象图示,你们一看就知道本书的内容;后者是让同学们了解本任务群的学习目标、学习内容和学习方法。第二板块"他山之玉"是你们的同龄人或者其他学校学习的成功案例,可提供借鉴的方法和思路。"助学指津"是对于完成任务群的方法和策略建议。这一板块有些任务群是省略的。第三板块"专题问道"是全书的主要内容,"含英咀华(学者谈片等)"为同学们提供更多古今中外的文化精华。"实践笃行"是该任务群学习的加深和拓宽活动,有的侧重学术研究,有的侧重社会实践。第四板块的"锦心绣口"是综合写作活动和口语活动,也是丛书精心开发的活动体系,要扎实训练。第五板块"我学我秀"里有你们同龄人的学习成果展示,也包括一份综合性的"自我评估"题,相当于任务群学习质量的自我评价,而这种评价的理念和方式,完全不同于你们常见的应试题目,不妨一试。第六板块是"知识附录",这里有本书所有题目的参考答案以及其他有价值的知识,包括整个任务群的推荐阅读书目。

生: 我注意到每一个专题的"含英咀华(学者谈片等)"后面还有"我思我在",相当于课文后面的思考练习吧?怎么落实这个任务呢?有些"实践笃行"也不是一个人可以完成的。这样的学习是否也可以在课内外和同学们一起完成呢?

师: 需要强调的是,"我思我在"作为文后的学习任务,都是本书的编撰者精心构思的问题,指向文本的内核,同时又扣住专题的主题。为了与文本形成对话,文后的题目并不是聊备一格的虚设,而是非常重要的深入文本的途径,也是理解专题的抓手。"实践笃行"跟文本阅读同样重要,无论是学术性探究还是社会化实践,都是形成语文能力的必经之途。这些活动,有的要独立思考,有的要同伴互助,这要根据任务的性质来定。

生:丛书确实有着全新的内容和形式,好好学习,相信一定能够提升我们的语文素养。

师:古人说:"取法乎上,仅得其中,取法乎中,仅得其下。"我们的理念从现实的土壤里生长出来,但又超越现实。我们的创意是长期教学经验的升华,但又带着实验的因子。我们的开发团队,虽然属于当地一线名师,但个体经验毕竟不能代替科学理论。纵然有美好愿景在远处指引,有专业激情在内心推动,但由于我们自身水平有限,最终能否实现预期目标还有待于读者的检验。为了把这件事情做得更好,我们非常需要读者的反馈、批评和建议。建构自学语文课程非常艰难,丛书仅仅是自学课程的框架和拐杖。要在语文学习过程中形成核心素养,不仅需要学本,更需要时间,需要生活。"纸上得来终觉浅,绝知此事要躬行",生活和阅历才是人生最好的教科书。

褚树荣

2018 年 3 月

新课标 新语 新学习

学习导航

我们命定的目标和道路,不是享乐,也不是受苦,而是行动,在每个明天,都要比今天前进一步。

——朗费罗《人生颂》

千里之行,始于足下,学习过程犹如一场远行。"按图索骥"呈现了行走的"路线图","课标传真"昭示了行走的"目的地"。我们希望一个个专题就是学习之旅中的一个个驿站,你可以体验学习的全程,也可以自由选择:你如果顺图而行,每一站都各有精彩;你如果率性而行,你最想去的地方就在那儿等你。为了便于选择,我们对每一站风景都作了简要介绍。

旅程最艰难的就是迈出第一步,我们期待你的加入。

按图索骥

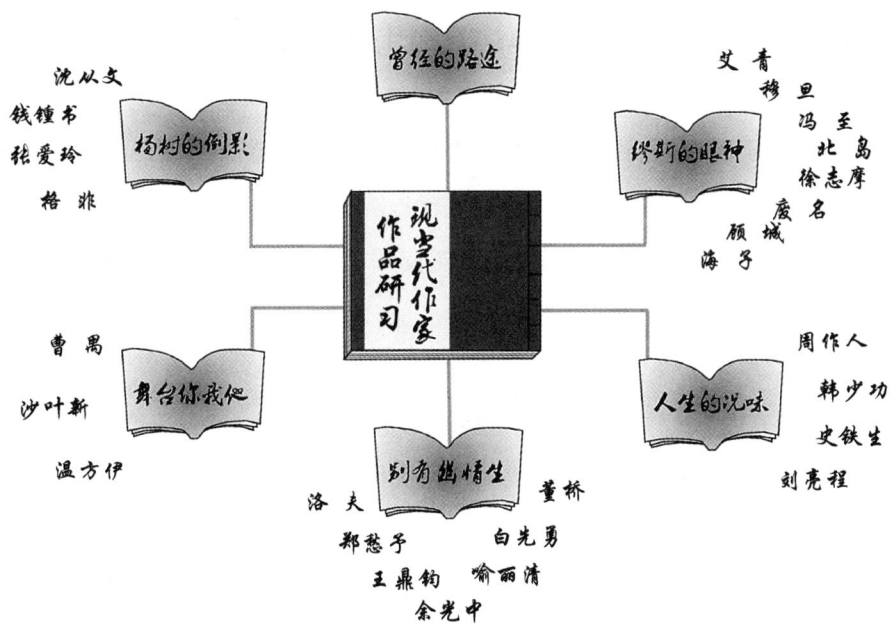

本书共设6个专题，采用总分结合的方式，全方位展现中国现当代文学的丰硕成果。

追寻"曾经的路途"，概览中国现当代文学的发展盛况，大致把握百年文学在中国文学史乃至世界文学史上的坐标。

在"缪斯的眼神"专题，文艺女神缪斯为我们邀约了艾青、穆旦、北岛、海子等诗人，你将破解鉴赏诗歌的艺术密码，感受中国现当代诗歌的盎然诗意。而周作人、史铁生、刘亮程等不同时代、不同风格的散文大家，他们纵笔抒怀，叙事记人，又会让你体会到丰富的"人生的况味"。小说家沈从文、钱锺书、张爱玲、格非，则在"杨树的倒影"里诉说着动人的故事，让你充分领略虚构艺术的无限魅力。曹禺、沙叶新等不同时代的剧作家，用不同方式演绎着人间万象，又会让你欣赏到异彩纷呈的"舞台你我他"。

我们为当代港台文学设立了"别有幽情生"这一专题。在此你将邂逅"台湾诗魔"，偶遇"香港才子"，感受极具个性和实验性的写作方式。

亲爱的同学们，让我们在中国现当代文学的版图上，去开启一段美好的阅读之旅吧！

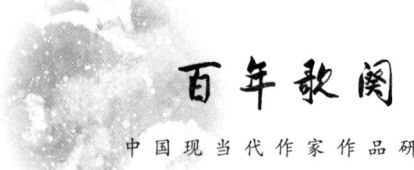

 课标传真

学习任务群10 中国现当代作家作品研习

本任务群研习中国现当代代表性作家作品,包括反映改革开放以来的社会主义先进文化的作品,旨在大体了解现当代作家作品概貌,培养阅读现当代文学作品的兴趣,以正确的价值观鉴赏文学作品,进一步提高文学阅读和写作能力,把握中国现当代文学作品思想性、艺术性、观赏性有机统一的价值取向。

1. 学习目标与内容

(1) 精读代表性作家作品,把握其精神内涵与艺术价值。至少选读10位现当代代表性作家的诗歌、散文、小说、戏剧方面的作品,大体了解现当代文学的发展概貌。

(2) 关注当代文学创作动态,选读新近发表的有影响的作品及相关评论。

(3) 养成撰写读书笔记的习惯,阅读作品应写出内容提要和阅读感受。选择喜欢的作品,从不同角度撰写作品评论,发表自己的见解。

(4) 可根据自己的兴趣,选择喜欢的文学体裁,练习创作短篇作品。

2. 教学提示

本任务群为0.5学分,9课时。

(1) 阅读材料可以是单篇作品,包括作家作品专集的选篇,也可以是长篇著作的节选。建议从体裁特征、题材内容、文学发展阶段等不同角度,组织现当代作家作品研习的专题内容。其中,反映社会主义先进文化的作品要占一定比例。

(2) 要有足够的课时保证学生独立自主阅读,设计促进学生个性化体验的阅读活动。如创设多样化的学习活动,丰富学习体验;朗诵不同流派或作家的诗歌、散文,体悟作品的情感特点和语言风格;阅读剧本,把握戏剧冲突,并选择片段尝试表演。

(3) 要有一定的课时开展研讨活动,交流阅读和写作的体会与感悟。重视学生研读后的交流和评价活动。如为"现当代作家作品研习读书报告会"做一份文案设计;在读书报告会上,推荐一部现当代作家作品,并说明理由;制作一份"现当代作家作品研读情况"调查问卷。

《普通高中语文课程标准(2017年版)》

新课标　新语　新学习

他山之玉

他山之石,可以为错……他山之石,可以攻玉。

——《诗经·小雅·鹤鸣》

  我们的学习之旅从来不缺少先行者和陪伴者,前者给了我们"吾道不孤"的支持,后者给了我们同气连枝的勇气。他们的努力、探索与富有成效的实践收录在"他山之玉"中,与我们复调歌唱,互为补充。我们相信这将是一种超越时空的呼应,是基于文字和生活之爱的握手。当然,学习之路从来也是艰辛的,在旅途陷入迷茫或困境时,建议你读一读"助学指津",也许有助于你开拓道路和把握方向。

  玉石在怀,"攻玉"就是修炼,且让我们开始如切如磋,如琢如磨。

 **案例描述**

歌德说:"我们全都要从前辈和同辈学习到一些东西。就连最大的天才,如果想单凭他所特有的内在自我去对付一切,他也绝不会有多大成就。"研习中国现当代作家作品,是不是只能像我们过去习惯的那样——逐篇精读?有没有其他更高效、更有意思的研习方式?对此,我们要敞开胸怀,打开视野,积极学习和借鉴他人的成功做法。下面,提供国内外的三个优秀案例,它们或组织经典夜读,或进行专题阅读,或深入赏析戏剧,相信你会从中受益匪浅。

通向春天的读书课①
——我和经典夜读小组的故事

为了让学生从只做题、不读书的令人绝望的应试重压下突围出来,还原读书对锻造生命、推动人生进步的美好过程,从2013年的冬天起,在学生的支持下,我在我执教的南京市第十三中学高二年级组建了跨班级的经典夜读小组,利用每周五晚上六点半到八点半的时间,给学生开设经典夜读课,与学生灯下共读。

参加过夜读小组的同学,书架上会摆着这样一排书:《海子的诗》、苇岸的《大地上的事情》、沈从文的《湘行散记》、筱敏的《捕蝶者》、奥威尔的《1984》、李泽厚的《美的历程》……一学年夜读20次左右,读15本左右的经典书或热点书。抽出其中一本你会看到,这些书许多地方勾画圈点写满了批注,书页上都有折痕,中间还夹着一两张夜读的发言提纲或一份读书报告。

以一本本书为本位的经典夜读,需要一个书目,让那些伟大作品照亮我们爱智求真的读书之路。选择的书,既要尊重学生的兴趣,又要加以引导,既要有经典的正气,又要

---

① 选自曹勇军《通向春天的读书课——我和经典夜读小组的故事》(《中国教育报》2017年2月27日),有改动。

有流行的活力;不应局限于文学名著,历史、哲学、思想、科学等方面的经典也应有所涉及;部头还不能太大,应该是精神文化含金量高的"大家小书"或"名家小书";当然,最好还应具有古今打通、中西兼容、文理交叉的丰富性。阅读这类书,不仅可以拓展我们的视野,磨砺我们的思维,更能培养判断力和信念。一个人一辈子读几本这样的书会有不一样的人生气象。

还需要读书的计划、制度和要求,与阅读匹配的方法、策略和仪式,以及读书的战略和思想,并让学生保持一种持续不断的阅读热情。当这些巧妙地融为一体,成为一种生活化常态的时候,读书才真正地发生了。我相信读书中青春激情的作用——我称之为"青春阅读"。什么叫青春阅读?就是伴随着青春高峰体验的生命阅读,让自己的人生觉醒起来的精神阅读。

每一期夜读小组都有一本厚厚的黑皮"夜读日志"本,由夜读小组同学轮流自愿担任记录人,记下每次夜读的内容、问题和讨论的现场,以及现场的读书花絮。翻开黑皮本,第一次夜读一定是《海子的诗》,从海子的作品中走进诗歌,走出庸常,重燃青春的激情,睁开久闭的、浑浊疲倦的眼睛。读海子,我们有精读的诗篇:《活在珍贵的人间》《麦地》《九月》《祖国(或以梦为马)》《日记》等;有一个又一个思考讨论的问题:"诗歌是什么""海子诗歌的独特性""打开海子诗歌的方式""《九月》的节奏意味""《麦地》意象组合的奇特""《祖国(或以梦为马)》中的殉道者韵律""《春天,十个海子》中的死亡意象""《四姐妹》的异域色彩"等;有精彩的感悟、体会和问答:"听音乐你会想到标准答案吗?不会!你得像尊重音乐一样尊重诗歌""海子的诗中有一种神性,就像'神说,要有光,便有了光'那般的信意""他的诗歌中都是大词,什么河流、天空、雨水……普通人是近视仰视,他是远视俯视,上帝一般""读他的诗抓住几篇代表作,扎进去,理解其典型意象,慢慢就进去了""海子很悲伤,奇怪的是,读他的诗,我的悲伤被洗干净了"……还有学生忽然醒来之后,睁眼看见诗歌之光的幸福、满足和感激。

海子之后是苇岸,心灵的自由飞翔之后,是大地上的观察、沉思和皈依。与"海子读书课"的自由研讨不同,"苇岸读书课"则是依据"学习单"有计划地研读和讨论。读前,每位学生会拿到一份学习单,要求阅读思考问题。学生讨论后发现,原文第33则和第43则有关万物命名的言说文字具有统领力,可作为苇岸大地文字的入口:找到大地上事物的"乳名"和"小名",找到它们"祖先的、民间的、土著的、亲情的""与事物有血肉联系"的原始形象和典型特征,由此深入抵达他大地文字的内部,理解文中表达出来的对工业文化的悲哀和抵触,对个人的、完整性的追求,以及与万物共荣辱的土地道德情怀,也体会到他的语言特点,那就是庄严、信意,像土地一样朴素、像植物根部一样扎实。

除了每周五晚上两个小时的周末读书之外,我和学生最喜欢的是情境读书。情境读书有两类,一类是名家讲座读书,另一类是文化现场读书。前者是利用大家名家来学校作读书报告的机会,安排夜读小组的学生组成采访团队,采访这些名家学者。采访前采访团集中大量阅读他们的著作,钩玄提要,萃取精华,撰写介绍词,在学校"好书推荐"橱窗展出;采访结束后,撰写采访稿,在学校学生社团刊物上发表。我曾先后邀请蔡天新、止庵、王开岭等来学校,事先指导学生阅读他们的著作,提炼采访对话提纲,完成采访对话,撰写采访文字,传播读书理念。在这种有目的、有对象、有情境的读书任务驱动下,读写素养真正长在了学生身上。

后者是走出去读书,在历史文化现场读书。我们利用南京独特的历史文化资源优势,以及文化现场的氛围和情调,增加读书的气场,让读书与游学结合为一体,成为一种真实的生活状态,成为终生难忘的美丽故事。我曾带学生到王安石故居半山园读王安石,到北极阁2号民国气象台读木心,到豁蒙楼茶社读《中国哲学简史》,在台城之上读《大地上的事情》……文化现场与书本形成隐形互文,成为召唤结构,书册浮现出更多的信息意蕴,让读书成为精神探索的现场直播,形成读书趣味,培育青春精神。我总是见缝插针,苦苦寻找学生能外出读书的时间"空挡",力争每学期夜读的学生有2—3次这样现场读书的机会,构成一个学以致用的序列,掀起几次读书的高潮。从2015年开始,我又把情境读书、主题读书、指导买书荐书等几个项目糅合起来,使之成为读书的项目学习,成为名副其实的"读书节"。

最近一次现场读书是2016年腊月27日在北极阁1号宋公馆读《万历十五年》。宋公馆原是当年宋子文在南京的寓所,位于城中鸡笼山顶,公馆依山势而筑,三层小楼,西方别墅风格。这里曾是宋子文的故居、张学良的"囚室"、汪精卫的别业、刘伯承市长的下榻地……风云际会,沧桑厚重,特别能引发历史盛衰兴亡之思。在宋公馆一楼会客厅,我和28位热爱读书的学生席地而坐,与黄仁宇和他的《万历十五年》相遇。

我们通过讨论梳理概括了原书7章的基本内容，了解万历皇帝及其君臣的行事，了解当时社会"庙堂之高"与"江湖之远"制度性、结构性的矛盾冲突，把握作者的基本观点：缺少数目字管理、以道德代替法制，最终导致失败的必然，认识到作者"反道德""反性善""反小历史"的思想观点，还赏析了本书截取横断面，以人物为中心，把关键人物、典章制度、社会现象、个人生活等方面立体生动描摹出来的全新历史书写特色，争论探讨了作者"大历史"与"小历史"的看法，也顺便补充介绍了新的史学著作，以及学界对本书观点的不同声音。研读的过程是思维碰撞的过程，是观点纠正补充的过程，也是丰富融合的过程，更是反思批判的过程……手中翻阅着《万历十五年》，像是翻着一页页历史书卷，天人交契的氛围中，不时有沉甸甸的历史思考撞击心胸。

下午我带学生去先锋书店，由学校出资，每人发50元购书券，依据个人爱好选购图书。先锋书店在五台山下，是个半地下的建筑，掩映在树木之中，走下去像走进一座地下的知识宫殿。我告诉学生，会找书才算会读书，找书要懂得几看，一要看作者，二要看版本和出版社，三要看目录和前言后记，对书有个大致的评估判断，还可以参考权威人士或机构的推荐。我还提到书目的作用，以及怎样构建自己的阅读框架，描绘自己的阅读地图，给自己编制个人书目。学生找书选书，品书荐书，他们三三两两，忽隐忽现，忽聚忽散，如鱼儿漫游书海……

看到这美丽的场景，我忽然想起上午从北极阁1号宋公馆出来，看到院子里有好几株蜡梅开得茂盛。虽是早春，眼前和内心却涌动着浓浓春意……我们的读书课是如此辽阔，仿佛已传来春天的读书声。

◎ 成功之道

在应试教育的大环境里，曹勇军老师和他学生的"经典夜读"活动，的确是一道别样的风景线，无疑也给我们的语文学习带来了春天的气息。虽然，现在许多学校也在大力提倡经典阅读，但基本都停留在口头的号召，没有像曹老师和他的学生那样读得有章有法、有声有色。

他们的经典夜读活动是有组织的。经典夜读小组的成立，不仅可以使爱读书的同学们聚在一起，"抱团取暖"，有利于形成良好的校园读书氛围；而且可以相扶相携，相互促进,同学们可以一起走进经典深处,从而大大提升阅读的效益和层次。在阅读活动的具体开展中,他们有目标、有计划、有措施,比如共同确定书目、严格规定夜读时间、明确每一个成员的具体任务等,充分体现了夜读小组活动的组织性。

走近周树人[①]
——鲁迅专题学习设计

为改变鲁迅先生给人的刻板印象,本专题学习活动由浅入深、由易到难分为四部分。

一、平和的鲁迅

这部分的主要材料有萧红的《鲁迅:伟大与深刻的另一面是平和》、钱理群有关"海婴与鲁迅"的文章、周海婴的《我的父亲鲁迅》、周晔的《我的伯父鲁迅先生》,以及许广平写的回忆鲁迅和海婴的相关文章。

学习任务是阅读这些材料,完成第一个作业:画一幅鲁迅先生的生活照。用时4节课。

通过这些文章的阅读,学生心中的鲁迅形象悄然改变,从学生完成的作业来看,一个怀抱孩子的鲁迅形象,一个左手冰糖葫芦右手风车的父亲形象呈现出来。鲁迅先生不再是神坛上头发竖起、隶书字体胡须的斗士,他变成了生活中一个活生生的人,变得可亲可敬起来。从学生的表情,我知道我们实现了"平和的鲁迅"的第一步。

二、父亲和我

这个部分在材料选择上和第一部分有重叠,都是以鲁迅和他的儿子为相关内容的文章,此外还选取了鲁迅的《研究我怎样做父亲》《五猖会》《父亲的病》等文。

鲁迅曾说"从幼到壮,从壮到老,从老到死,这是人的生命之路。在这条路上,有两个

[①] 选自蒙丽《鲁迅专题教学设计及实施的一点尝试》("吴泓工作室"博客),有改动。

关键时刻，一个是作为人之子的自己，一个是作为人之父的自己"。所以选取了作为儿子的鲁迅和作为父亲的鲁迅的相关材料让学生阅读，看看鲁迅是怎么看待父亲，是怎样对待儿子的。学生此时正处在人之子的阶段，读完这些文章他们会产生心灵的共鸣，进而与鲁迅产生生命的连接。

学习任务是阅读这些材料，完成第二个作业：写一篇以"父亲和孩子"为主题的文章。为了让每一个学生都有话可说，提供几个题目供他们参考："我和父亲""假如我做父亲/母亲""研究我们如何做子女"。用时4节课。

从实践成果来看，学生写出了许多充满主体情感的真挚话语，鲁迅的生命和学生的生命真的连接起来了，学生从读鲁迅到看自己，从观父母到想未来，文字的表达就是内心情感的流淌。

三、《伤逝》解读

解读《伤逝》是这次鲁迅专题阅读最核心的部分。这部分的主要材料有《伤逝》，辅助材料有孔庆东解读的《伤逝》、《子君·安娜·娜拉》《〈伤逝〉：鲁迅心灵深处的两个女人》《鲁迅故居怀朱安》《〈伤逝〉的失察和护短——再谒鲁迅》《鲁迅的爱情和"青春"》。用时15节课。

这部分的具体操作分五步走。首先，学生精读《伤逝》原文，用时3节课，要求学生圈画、提问。其次，阅读孔庆东解读的《伤逝》，由名人解读，加深对《伤逝》的理解，要求学生圈画、提问，用时4节课。第三，阅读《子君·安娜·娜拉》《〈伤逝〉：鲁迅心灵深处的两个女人》《鲁迅故居怀朱安》《〈伤逝〉的失察和护短——再谒鲁迅》《鲁迅的爱情和"青春"》这些材料，把《伤逝》和鲁迅的人生、爱情联系起来。到第三步完成时，学生内心经历了"一个故事——不仅是一个爱情故事——《伤逝》和鲁迅的爱情故事"这样一个心理过程。此环节用时3节课。第四，学生阅读文章后的问题讨论课，用时1节课。学生提前将讨论的问题写在小卡片上，经过教师归纳整理，列出三大主要问题：① 子君与涓生爱情悲剧的原因是什么？社会还是个人？② 小说和生活原型的关系。③ 鲁迅有什么样的爱情观？从结果来看，通过讨论，学生对《伤逝》的认识再次深化，由"爱情故事"到"时代认识"，对爱情悲剧的原因也由狭隘的个人到社会、自身、他人等多元化的分析。这时，学生也开始感受到了鲁迅深刻的一面。第五,问题探讨课结束后,要求学生选取自己最感兴趣的点来写一篇文章,用时2节课。为了防止学生找不到可写的点,教师提供一些题目供学生参考,比如"到底是谁的错""《伤逝》中爱情的进步性与落后性""由小东西、鲇鱼须看《伤逝》中反映的'五四'后中国大众社会""未脱落封建气息的爱情""说涓生与鲁迅""娜拉和子君的布偶形象""鲁迅情感世界的自白《伤逝》""浅谈子君涓生的爱情""爱伴着伤痛,终将逝去""我谈《伤逝》与爱情"。另外,在写文章之前,给学生印发了吴泓老师的《重新组合就是创造》一文,让学生知道"最初的借鉴很重要",让学生敢写,也教学生如何写。为了让学生写成规范的议论文,还对学生做了如下四点要求:① 集中,学会突破一点,即口子小,挖掘深;② 有据,用事实说话,用事例来证明;③ 讲理,学会分析,并层层剥绎,不要不分析就发感慨;④ 深入浅出,内容深刻,在这个基础上说"自己的话",让人爱看或者爱听、易懂。

从学生作业的完成情况看,学生写得很认真,绝大部分都达到了议论文的标准,内容上,很多学生都分析了主人公爱情失败的原因,这也为第四部分谈论爱情观奠定了基础。

此外,在完成专题习作后,我们用2节课学习了课文《记念刘和珍君》,进一步强化鲁迅深刻的一面。至此,平和、深刻的鲁迅形象,一个真实的鲁迅形象全部深深地印进了学生的大脑。

四、建立健康爱情观

由《伤逝》中涓生与子君的爱情悲剧到鲁迅的爱情观,教师和学生开始反思什么是健康的爱情观。

这个部分分三步走:第一步,学生阅读如下材料,《爱情教育:一块不该忽略的教育领地》《让心灵的天空回响优美的旋律》《爱情与孤独》《两只小刺猬的爱情故事,有些爱只能轻抱》、村上春树《如果我爱你》、林子《给他》、舒婷《致橡树》、叶芝《当你老了》,用时2节课;第二步,读完材料,全班探讨"什么是健康的爱情"或者"谈谈你的爱情观",用时1节课;第三步,学生周末写一篇关于爱情观的文章,"我的爱情观""我谈爱情""健康的爱情观"三者任选其一。

从学生交上来的作业看,绝大多数都表达了在爱情中要自爱、要独立、要宽容、要让自己变得更优秀等观点。从文章的形式看,有诗、微小说、议论性的散文等。学生的世界观、人生观在这个过程中逐步发生改变,变得更加积极健康。

◎ **成功之道**

阅读面的狭窄,思考探究的不足,直接影响了学生的语文素养。专题学习的优越性在于教师给予学生更多的学习时间,让他们广泛地自主阅读,在思想的交锋中,逐步提高思维水平和读写能力,从而促进语文素养的全面提高。

本案例从"平和的鲁迅""父亲和我"开始,再由《伤逝》延伸到爱情,围绕鲁迅,学生读了 30 余篇文章。这些文章有诗歌、有小说,也有评论性文章,对于开阔视野,深化对鲁迅的认识,形成正确的爱情观都很有意义。其间,穿插的活动有阅读、讨论、画像、写作等,可以说形式丰富,既重视个体体验,又重视表达交流,较全面地发展了学生的语文能力。虽然学习周期长,但好比一次"长征",就学生的成长来说,无疑是极为有益的。

我们是怎样学习《麦克斯白》的[①]

《麦克斯白》是莎士比亚的经典剧作,老师说我们将利用 5 周的时间共同学习这部剧本。学完之后,我们应该记住该剧的重要细节,并领会如《麦克斯白》这样的文学作品与自己人生的关系。

第一天,老师向我们重点介绍了有关戏剧的一些重要概念。老师将"野心""诱惑"和"恐惧"写在黑板上,并将全班分成三组。小组成员就这三个词各花 5 分钟时间写感想。在老师的帮助下,我们很快理解了"野心"可能帮助、也可能妨碍一个人,如何抗拒"诱惑"和如何处理或克服"恐惧"。大家抓住这三个词来理解《麦克斯白》并展开了讨论。

老师告诉我们:莎士比亚要适应极为不同的各种观众,他们的注意力难以被吸引和

---

① 选自《〈麦克斯白〉教学案例》(《学习、教学和评估的分类学》,华东师范大学出版社 2007 年版,L. W. 安德森编著,皮连生译),有改动。

他山之玉

保持;因此他发现,必须抓住时机,在开放的场次中,形成充满全局的感情基调。

老师以投入的情感大声朗读了第一幕的第一场。我们跟随着老师看自己的书,特别注意关键词。在老师的提示下,我们对书上的"干净的是肮脏的,而肮脏的是干净的"一句话产生了兴趣。我们试着用自己的话表达,最终我们得到一句自相矛盾的话:"好的就是坏的,而坏的就是好的。"这引发了大家讨论:好事怎么变成坏事,坏事怎么变成好事。老师总结了我们的讨论并强调:这种表面上的矛盾陈述开始发展为大家看到的戏剧主题——事情并不像它的外表那样。

与第一幕有关的教学活动

上课开始,我们被要求写出每场的剧情要点。接着大家进行了关于"悲剧英雄"的讨论。我们统一了观点:"悲剧英雄"是一个高大而独特的人物形象,他自毁于性格的缺陷。我们观察到,他一边追随自己的梦,一边播下了自我毁灭的种子。我们好像看到《麦克斯白》与自己人生的关系:给予适当条件,在我们身上也会产生同样的情形。

我们分角色大声朗读了剧本。老师在我们不理解的地方或是需要讲解的地方都打断了我们的朗读。她提了一些问题,如"麦克斯白的性格优点是什么?""如果他没有遇到巫女,将会发生什么?"

尽管起初我们不情愿并且自我意识强烈,但老师坚持让我们出演关键场次并且由班长担任导演的角色。老师最初几乎必须承担全部指导任务,但当我们把握了语言背白存在行为的概念后,我们的扮演效果就增强了。

在阅读和讨论了第一幕后,我们观看了老师放映的三个版本的电影。由奥森·威尔士导演和主演的1940年版,罗曼·波兰斯基生动又血腥的1972年版,还有来自"莎士比亚戏剧"系列的BBC版。在观看这三个版本的第一幕之前,老师要求我们就有关《麦克斯白》的好电影版本在电影技术和人物性格刻画应包含什么写5分钟的感想。接着老师发一张表格,方便我们在比较这三部电影时做好记录。看过第一幕的三个版本之后,老师发了一个提纲,方便我们撰写比较三部电影的文章,最后老师布置了任务,即要在写作实验室写的内容和预习下周的要求。

与第二幕有关的教学活动

老师说在整个教学单元,我们要一幕接一幕连续观看电影,所以我们需要自主选择电影版本，经过思考之后，我们谨慎地选择了波兰斯基的1972年版本。老师希望我们坚持记电影日记，她会给我们做密切指导。

在开始第二幕学习前，老师先介绍了"动机"这个概念。在阅读第二幕时，老师提醒我们注意三个与"动机"有关的情境：血液、睡眠和黑暗。她要求我们围绕这三个词引起的情感写5分钟的感想，情感可以是单个情境或三个情境联合引起的。

正式开始学习时，我们以个人阅读和班级讨论为主。老师选择了一些问题，如"为什么麦克斯白拒绝回到邓肯的房间里去把带血的匕首隐藏在卫兵身上？""如果麦克斯白太太本人能杀死邓肯，这会有什么不同呢？"让我们讨论并予以适当指导。

全班分成三组，每组选择三个动机情境中的一个。老师只给了我们唯一的指导：从第二幕的第一场和第二场中找出每一处提及这些动机情境的词语，就动机在剧情中的重要性达成一致看法。

我们大约花了一周的时间完成了与第二幕有关的教学活动。

与第三幕有关的教学活动

当我们开始第三幕的讨论时，老师希望我们预测：既然麦克斯白精于谋杀，他将朝什么方向发展？大部分人认为，他很可能再杀人，谋杀对他来说将变得越来越容易。有些人预测麦克斯白会谋杀班柯。他们意识到，麦克斯白将因他的朋友知道太多而开始感到不安。

我们读完第三幕后进行了讨论。老师给出了一系列问题，如"你将怎样指导一名演员，表演出像麦克白斯那样明显的持久的恐惧感？""对班柯的谋杀与对邓肯的谋杀相比，或多或少地更不可理解吗？为什么是或不是？"让我们思考与讨论。

与第四幕有关的教学活动

因为学习前面几幕的时间较长，所以在学习第四幕前，老师和我们对前三幕作了一次较充分的回顾。在准备学习第四幕时，老师要求我们以麦克斯白那种稳定向下沉沦的眼光来考虑第四幕，此时麦克斯白由于恐惧及其所引起的谋杀数的增加而变得不知所措。

在读过第四幕之后，我们仍然就提出的一系列问题，如"解释麦克斯白对杀害麦克达夫一家的理由。这一谋杀在特征和动机方面与其他谋杀有何不同？""与马尔科姆和麦克

他 山 之 玉

达夫之间的场景能被批评为缺乏可信度吗?为什么是或不是?"进行班级讨论。

在这一周的学习中,我们花了一天的时间回顾以前的知识,剩下四天用在了第四幕的学习上。

与第五幕有关的教学活动

第五幕的学习比之前的学习有趣多了。第五幕是由许多短场次构成的,每一场涉及复杂的剧情和若干小人物的涌入,节奏很快。我们乐于欣赏该剧在剧烈冲突中很快结束的惊险。几乎每一场都拆除了麦克斯白包围自己的越来越多的虚伪安全防卫。

我们喜欢剧中残忍的冷嘲,在没有很多提示的情形下,我们发现在全剧中麦克斯白用表面上的东西与真实的东西的差异来混淆他人视听,现在他自己成了这种外表和现实的牺牲者。在这过程中,老师向我们介绍了"冷嘲"这个术语,她希望我们能够理解和欣赏麦克斯白的"正当的"结局。

在大声朗读第五幕后,我们就老师提出的一系列问题进行了总结性讨论,这些问题有:"在麦克斯白著名的'明天'独白中,他的心理画面是什么?""请预测,如果麦克斯白知道麦克达夫生日的真实情况,他拒绝与麦克达夫战斗,将会发生什么?""该剧剧终时马尔科姆语言的效果是什么?"

结　　局

在老师的帮助下,我们集体设计、完成了主要作业并在全班展示。比如:"选择剧中的任何场次,在运用当代语言和背景但保留其原意的条件下予以重写。在全班呈现该场景。""创造苏格兰编年史版本以论述该剧有新闻价值的事件。联合运用新闻报道、特写文章、社论、政治漫画、忠告专栏和招聘广告等特殊文体。"

我们也接受了关于《麦克斯白》剧本的最后测验。测验包括三个部分:(1)将特殊人物的描述匹配;(2)可用"什么""哪里""谁""为什么"和"多少"等问题作答的简答题;(3)引文(对这些引文,学生必须写出谁说的,对谁说的,说话的语境是什么)。

与此同时,我们进行的小组设计项目和班级戏剧表演得到了老师赞赏。老师对我们的进步予以很大的肯定,她希望我们能提出一项长期设计或者能进行戏剧表演。随着单元的进展,我们变得敢于发表意见并能自愿阅读和表演。学完《麦克斯白》,我们发现有挑战的工作在我们的学术经历中发生的次数太少了。一位同学对老师说:"真希望今年

之前读过一些艰难的材料!"老师认为这句话是对她在本单元教学成功的一项重要衡量标准。

◎ **成功之道**

这则案例里,师生花了5周的时间共同研读一部莎士比亚的经典戏剧,这对我们来说真是不可思议!他们所花的时间之多与精力之深,对习惯于浅尝辄止的我们来说,很有启发意义。

活动中,玛格丽特女士没有太多的讲授,只是不断地抛出问题,也没有给出相应的答案,所有的答案都由学生在阅读与讨论中完成。学生是课堂真正的主人,是戏剧欣赏的主人。这样的学习活动是极具挑战性的,但只有自己积极参与了,才能从课堂中收获有价值的知识并培养戏剧阅读和欣赏的能力。在研读中,他们有许多做法,比如结合关键词研讨、比较不同版本的电影、记电影日记、参与戏剧表演等,都很值得我们学习。

 **助学指津**

自1915年新文化运动开始以来,中国现当代文学的航船已经浩浩荡荡驶过了一个世纪。

在社会转型的巨大震荡中,在东西文化的尖锐冲突下,现当代文学在短短的百年中经历了巨大的变革,也取得了长足的发展:诗歌从古典格律诗走向现代白话诗,小说由章回体的故事小说走向风格不同的性格小说和心理小说,戏剧从传统戏曲经"文明新戏"走向现代话剧,散文写作由程式化的古文走向自由化的杂文和美文。与此相伴的是,现当代各种文学流派和社团错杂丛生,更迭迅速。

那么,我们该如何来把握这百年的中国现当代文学呢?古人云:"举一纲而万目张,解一卷而众篇明。"我们既要学习中国现当代文学史,纲举目张,宏观把握各类文体的发展路径;又要分类精读品味一些代表作家的经典作品,以点带面,深入了解中国现当代文学的发展成就。

他山之玉

"曾经的路途"专题是一书之"纲",统领其他五个专题。学习这一专题,既要对百年白话文学的发展历程有整体的了解,对白话诗歌、散文、小说、戏剧这四类文学体裁的成就与局限有基本的认识;同时,也要熟知现当代重要作家、作品,对主要的文学流派有一定的了解。学习过程中,建议写一些述评文章,做到读思相伴,读写结合。在学有余力的情况下,建议课外阅读一本中国现当代文学史著作。如果你对某位作家或某个流派特别感兴趣,也可专门搜集资料,系统阅读。

其他几个专题是"目",我们按体裁分专题对文学作品进行具体研习。在学习这些专题时,我们要有明确的体裁意识,学会采用不同的方法来阅读和欣赏。

"缪斯的眼神"是现当代诗歌专题。学习时,先要学会反复吟诵,体会押韵、节奏、轻重音等给诗歌带来的音乐美;进而整体感知诗歌的思想情感,把握诗歌的情感基调。然后可以从不同角度深入研习,或感悟意境与意象,或品析语言与结构,或欣赏手法与创新。课余,你不妨选择其中一首,搜集相关资料,写一篇赏析文章;还可以选择你喜欢的一首,用声情并茂的朗读,推荐给你的伙伴;或仿写一首短小的现代诗,来抒发自己的情思。在"少年情怀总是诗"的青春岁月里,本专题将让你充分感受"诗歌的疯狂,悲哀或甜美"。

"人生的况味"专题,选读的是现当代散文。郁达夫说:"人间天上,草木虫鱼,无不可谈。"散文的内容十分广博,研习散文时,我们首先要用心体会散文大家们是如何通过细心的观察来深入生活、思索人生的。散文的内核是"情思",研习时要学会抽丝剥茧,通过分析作者寄托情思之物,准确把握作者的情思,在作者笔下的一片景、一个人、一件物中体会"人生的况味"。研习散文要学会静心素读,懂得"慢慢走,欣赏啊",通过品味语言,努力走进作者的精神世界,聆听不同时代、不同风格的散文大家的心声。

"杨树的倒影"专题,选读的是现当代小说。小说是喜闻乐见的一类文体,它为我们提供了生活的一种可能,满足了我们的好奇心,丰富了我们的人生经验。"虚构"是其艺术的特质。湖岸上的杨树是真切可感的,但我们也不能忽略水中那个与我们的心灵相观照的倒影。"杨树的倒影"中,有"更接近真实"的价值,可以"使看不见的东西被看见"。在本专题小说的研习中,我们要学会欣赏艺术"虚构",看看人物、情节、环境有哪些超越现实的成分;更要与作者进行思想的对话,思考这些"虚构"能让我们看见人生、社会和历史等方面哪些真实的镜像。

"舞台你我他"专题,学习的是现当代戏剧。剧本不像小说、散文那样可以不受时间和空间的限制,它要求时间、人物、情节、场景高度集中在舞台范围内。因此,戏剧中的冲突比小说更加尖锐,可以说没有矛盾冲突,就没有戏剧。另一方面,剧本主要是通过台词来推动情节发展、表现人物性格的。因此,台词要充分地表现人物的性格、身份和思想感情;还要通俗自然、简练明确,要口语化,要适合舞台表演。我们要牢牢抓住戏剧这两方面的特点,通过品读台词,分析戏剧冲突,走进戏剧的世界。

"别有幽情生"是港台文学专题。港台文学和大陆文学同宗同源,但这百年的发展成就各有千秋,可谓"花开两朵,各表一枝"。在本专题中,你可以透过洛夫、郑愁予的诗,王鼎钧、余光中、董桥的散文,白先勇等人的小说,一窥港台文学的独特风貌。港台文学充满个性和实验性的写作方式,将对你的阅读习惯提出挑战,你可以尝试运用多元视角对作品进行述评。在学有余力的前提下,你还可以跟随自己的兴趣,关注港台地区文学新锐的新作。

我们为什么需要文学?巴金的回答是:"需要它来扫除我们心灵的垃圾,需要它给我们带来希望、带来勇气、带来力量。"生活在快节奏的现代社会中,我们常常容易在灯红酒绿、名缰利锁中迷失自己,因此,更需要在文学阅读中接受精神的洗礼。就让我们开启这扇现当代文学之窗,从名篇佳作中汲取精神的力量,领略艺术的神韵吧!

新课标 新语 新学习

专题问道

> 德可以分为两种：一种是智慧的德，另一种是行为的德，前者是从学习中得来的，后者是从实践中得来的。
>
> ——亚里士多德

此刻，我们将开启整个学习之旅中的精华部分——专题问道。我们的旅程既以"语文"命名，自然就与"文字"结缘，与"思考"接轨，与"实践"接壤。

"含英咀华（学者谈片等）"，品读文字精华，我们希望给予你的是古今中外那些真正打动人心的文字，它们显示了人类飞翔的能力；"我思我在"，揭示思考路径，我们希望给予你的是从纷繁芜杂的表象抵达本质的眼睛；在"实践笃行"中，你学会情境应用，你接触到活的语文，它生长在真实的语境里。

专题 1

曾经的路途

——现当代文学史梳理

学习目标

1. 大致了解现当代文学发展的历程。
2. 掌握现当代诗歌、散文、小说、戏剧这四类文学体裁的主要流派和发展。
3. 学会正确看待现当代文学的成就与局限。
4. 在与中国古典文学及外国现当代文学的比较中,准确掌握百年白话文学的特质。

学习建议

如果我们把成果斐然的现当代作家比作一座座高峰,那么中国现当代文学史就是那一条连绵起伏的山脉。从鲁迅、沈从文、穆旦,到余光中、北岛、莫言,在中国现当代文学史的山脉上,可谓群峰耸立。而文学研究会、创造社、新月社、沉钟社、湖畔诗社、九叶派、荷花淀派、蓝星诗社……这众多的文学流派则仿佛是这条山脉上一片片高耸的峰群,它们绰约多姿,各具神韵。"无限风光在险峰",就让我们循着那曾经的路途,去登山览胜吧!

学习本专题,应该注意以下方法:

1. 有点有面,有血有肉。文学史相对概括,如果在学习时能重点对一部作品、一位作家作更具体、更深入的研习,将有助于更好地理解文学史上概要性的介绍,形成立体可感的印象。比如,将本专题的内容与后面 5 个专题的作品参照起来阅读,对于两者的学习都有重要的意义。

2. 纵横结合,左右关联。关注作家个体与文学团体、流派,甚至与整个时代其他作家之间的内在联系。如果你对某位作家或某个流派特别感兴趣,也可专门搜集某人或某个流派的作品,系统阅读。本专题两篇文章都是节选,如条件许可,建议完整阅读一部中国现当代文学史著作。

3. 既重史实,也重史识。既注意基本史实的积累,如了解不同时代重要作家的代表作,熟记重要文学流派的发展脉络;也注意从基本史实的叙述中形成自己对于文学发展规律的认识,要客观评价不同作家的优点与缺憾,要全面把握时代背景与作家创作之间的联系。

※ 含英咀华

二十世纪中国文学纪事[①]

陈平原

> **导读**:从体裁上看,本文是有关中国现代文学的"编年史"。陈平原先生曾经说:"相对于曾经存在过的'大历史',你再详细梳理,所得者也不过是'九牛一毛'。如何在面对'文明的碎片'时,能够且敢于驰骋想象,回到虚拟的历史现场,并作出精彩的阐释,对于做过'编年史'的人来说,是个极大的挑战。"细读本文,你不仅会收获许多文学史知识,而且会由衷地敬佩作者的智慧。

小 引

吃惯了北京的豆浆油条,何不尝尝广州的早茶点心?这里不涉及生死攸关的"立场""观点",也不属于产品的"更新换代",只是换一种口味而已。选择"纪事"的体式来浏览二十世纪中国文学,而不是归纳总结出十大(或十二大)特征,除了换口味以及适应报纸篇幅要求,更缘于对世纪末读者(专家)"居高临下"的阅读姿态的深刻怀疑。与其给出若

[①] 节选自《当代作家评论》(2000年第1期)。陈平原(1954—),广东潮州人,北京大学中文系教授、教育部"长江学者"特聘教授。主要研究现代中国学术史、中国小说史、中国散文史和二十世纪中国文学,先后出版《中国小说叙事模式的转变》《千古文人侠客梦》《中国现代学术之建立》等著作30余种。

专题问道

专题 1　曾经的路途——现当代文学史梳理

干众所周知而又似是而非的"经验教训",不如引导读者回到现场,亲手触摸那段刚刚逝去的历史。

至于以年系事,只是为了便于记忆与叙说,并无微言大义。

1917年,报刊与学校携手

1917年1月4日,蔡元培到北京大学正式就任校长;九天后,教育部根据蔡校长的呈请,任命陈独秀为北大文科学长。陈独秀主持的《新青年》杂志社因而由上海迁北京,与北大诸同仁精诚合作,共同致力于思想改造与文学革命。作为一代名刊,《新青年》与《申报》《东方杂志》的重要区别,首先在于其同仁性质。不必付主编费用及作者稿酬,也不用考虑刊物的销路与利润,更不屑于直接地讨好读者与当局,《新青年》方才有可能旗帜鲜明地宣传自己的主张。晚清执思想界牛耳的《新民丛报》《民报》等,也都属于同仁刊物,《新青年》的特异之处,在于其以北京大学为依托,因而获得丰厚的思想动力及学术资源。晚清的新学之士,提及开通民智,总是首推报馆与学校。二者虽同为"传播文明"之"利器",却因体制及利益不同,很难珠联璧合。蔡元培之礼聘陈独秀以及《新青年》之进入北京大学,乃现代中国思想文化史上具有里程碑性质的大事。正是这一校一刊的完美结合,使得新文化运动得以迅速展开。

1921年,文学研究会与创造社的竞争

"五四"时期两大文学社团同年成立,自然形成紧张的对峙与激烈的竞争;令今人大感兴趣之处,在于二者到底是齐头并进,还是互相拆台?1月,周作人、郑振铎、沈雁冰、叶圣陶等十二人在北京发起成立"研究介绍世界文学,整理中国文学,创造新文学"的文学研究会;文研会因其相对注重文学的社会功利性,被看作"为人生而艺术"一派。6月,郭沫若、郁达夫、成仿吾、田汉等在东京成立力主"为艺术而艺术"的创造社。作为挑战者,加上强调忠实于自己"内心的要求",创造社在与文研会的争论中,时有过激的言辞,但总的来说,无伤大雅。值得庆幸的是,至今尚未发现任何一方有借助政治、军事力量来解决文学纷争的企图。"五四"时期社团林立,影响较大的,除了文研会和创造社,还有新月社、语丝社、浅草—沉钟社、湖畔诗社等。众多文学及文化观点大相径庭的社团,均以自我发挥为主;即便发生论战,也是"君子动口不动手"。如此百家争鸣、互相砥砺的局面,至今仍令人怀念不已。

1926年，旧派小说的新变

晚清"小说界革命"的大获成功，靠的是国民日益高涨的政治热情。辛亥革命后，阐发"政界之大势"与表彰"爱国之思"，不再成为小说的主要功能。"回雅向俗"的新小说家，为了满足已经变化的市场需求，转而追求娱乐性和趣味性。这一游戏文章、媚俗心态以及金钱主义，成为"五四新文化运动"扫荡的主要目标。经过一番自我选择和调整，由"小说界革命"发轫而来的"新小说"，演变成为以章回小说为外部特征（夹入不少西洋小说表现手法）、以适应市场要求为主旨的"通俗小说"潮流，与以"五四"文学革命为起点的"严肃小说"形成雅俗并存的局面。这一局面的形成，促使作家和读者进一步分化，有利于各自特长的发挥和各自表现形式的进一步完善，对二十世纪中国小说的基本面貌和运动轨迹影响甚大。而本年度平江不肖生的《江湖奇侠传》和张恨水的《春明外史》的出版，代表着民国旧派小说已经从最初的致命打击中恢复回来，找到了自己的位置。

1928年，新诗的自我调整

谈论中国新诗的成长，一般习惯于从胡适的《尝试集》（1920）和郭沫若的《女神》（1921）入手。之所以将话题推后几年，乃是有感于学界对早期白话诗的评价过于热情奔放，颇有将"文学史意义"与"文学价值"混为一谈的偏向。胡适的"清楚明白"，郭沫若的"激情燃烧"，在我看来，并非新诗的最佳状态。经历过最初的精神亢奋与狂飙突进①，诗人们开始冷静下来，思考新诗的出路。郭沫若、成仿吾等创造社诗人反省早期白话诗的过分理性化，重提"诗的本质专在抒情"；闻一多、徐志摩为代表的新月派则提出"理性节制情感"的美学原则，批评此前诗坛的感伤与滥情，并开始"新诗格律化"的尝试；再加上王独清之突出"感觉"，穆木天之主张"纯诗"，以及象征派诗人李金发、戴望舒的浮出海面，种种迹象表明，二十年代末，新诗开始找到了属于自己的"感觉"。

1930年，左联的话题

对于左联的评价，从来就不是一个轻松的话题。1929年底开始筹备并于1930年3

---

① 狂飙突进：本指18世纪60年代晚期到80年代早期，由歌德、席勒等领导的发生于德国的一场声势浩大的文学运动，这里用来形容新文化运动初期的狂热状态。

专题问道

专题 1　曾经的路途——现当代文学史梳理

月 2 日在上海正式成立的中国左翼作家联盟,不只直接影响了三十年代的一系列文学论争,并促成了文学创作的新潮流与新趋势。其精神遗产,起码笼罩了半个世纪的中国文坛。而且,很长时间里,左联的意义及其阐发,影响到整个思想文化界的建设。考虑到左联诸君是在国民党政治高压之下,以理想主义情怀从事艰险的探索,其功绩固然值得表彰,其缺失与遗憾,也"应具了解之同情"。

1932 年,小品文的生机与危机

1932 年 9 月,林语堂在上海创办《论语》半月刊,提倡闲适、性灵与幽默,由此引发了"小品文热"。左翼作家对此很不以为然,另办《太白》《芒种》与之对抗。鲁迅更发表《小品文的危机》,反对将小品文做成"小摆设"。三十年代关于小品文的论争,可以看作"散文"的重新自我定位。一主"闲适"与"性灵",一讲"挣扎"与"战斗",表面上水火不相容。可论争的结果,双方互有妥协:即所谓"寄沉痛于悠闲"、所谓战斗之前的"愉快和休息"。就对"宇宙"与"苍蝇"的把握方式而言,杂感与小品始终无法协调;但强调自我,张扬"个人的笔调",鄙视"赋得"的文章,以及文体上"不为格套所拘,不为章法所役",又都是对于正统文章"载道"功能的消解。很不一样而又可以互相补充,这其实正是现代散文发达的奥秘。

1933 年,走向成熟的中、长篇小说

经由鲁迅、郁达夫、叶圣陶等人的努力,现代意义上的短篇小说,在二十年代已经取得令人瞩目的成就。至于中、长篇小说的成熟,则是三十年代的故事。就在 1933 年,几部极有分量的长篇小说几乎同时面世,给时人、也给后世的文学史家一个意外的惊喜。1月,开明书店出版茅盾的《子夜》;5 月,开明书店又推出巴金的《激流》(即《家》);8 月,良友图书公司发行老舍的《离婚》。这三部长篇小说题材、风格迥异,但都具有独立的审美价值,时至今日,仍被视为不可多得的珍品。沈从文呢?稍为慢了半拍,本年度出版的四部中、短篇小说集均非上乘之作,但很快地,沈便迎头赶上。第二年 10 月,生活书店出版了《边城》一书,证明了沈与上述三位一样,完全有资格跻身本世纪中国最好的小说家行列。

1935 年,话剧的"日出"与"回春"

作为一种舶来的艺术样式,话剧的发展道路显得格外崎岖。从世纪初的"文明戏",

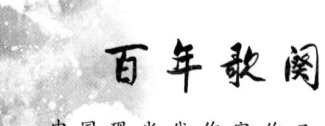

到二十年代的"爱美剧"和"小剧场运动",再到三十年代的"职业剧团的建立,长期公演话剧的固定剧场的出现",借用茅盾的话,此乃中国话剧"从幼稚期进入成熟期的标志"。1935 年春天,年仅二十五岁的曹禺继《雷雨》之后,创作了更具独创性的《日出》;而长期从事戏剧运动的田汉,也在这一年的 5 月出版了其代表作之一《回春之曲》。与此同时,原先主要从事电影工作的夏衍,完成了第一部多幕剧《赛金花》的写作。

1941 年,女性作家的独特视角

本世纪的中国小说界,女作家的迅速崛起,绝对是个标志性事件。漫长的中国文学史上,诗词歌赋乃至弹词文章,均有历代才女驰骋笔墨。唯独日渐辉煌的小说界,基本上未见女作家的倩影。这一令人尴尬的局面,本世纪初方才有所改变。"五四"文学革命尚未谢幕,冰心、庐隐、冯沅君、凌叔华等已经跃上文坛,初步展现女性从事小说创作的巨大潜能。进入四十年代,对于女小说家的创作,批评家们逐渐从不敢漠视,转为大力推崇,尤其对基于独特的人生体验、女性敏感以及鲜明的文体意识所营造的《呼兰河传》(萧红,1941)、《在医院中》(丁玲,1941)和《倾城之恋》(张爱玲,1943)等,更是拍案叫绝。

1945 年,《讲话》的巨大回响

毛泽东的《在延安文艺座谈会上的讲话》是四十年代延安整风的产物,正式发表于 1943 年 10 月 19 日的《解放日报》。此后,无论在解放区时期,还是中华人民共和国建立之后,《讲话》均是中共中央制定文艺政策、指导文艺运动的根本方针。

◎ **我思我在**

1. 作者在回顾现代文学发展历程时,尽量保持着客观的叙述,但他的欣喜与遗憾还是会流露于笔端。你能找出几处,并说说其中蕴含的感情吗?

2. "创造社"和"文学研究会"是中国现代文学史上著名的两个社团,他们都有各自的文学主张。如果回到那个时代,你更赞同哪一方的文学主张?谈谈你的理由。

3. 选文概述了中国现代文学史上 10 个年份、不同领域的发展与变化。在你看来,哪一个年份、哪一个领域的发展变化,相对而言是最具突破意义的,为什么?

专题问道

专题1　曾经的路途——现当代文学史梳理

《中国现代小说史》序[1]

夏志清

> **导读**：1961年，夏志清的《中国现代小说史》(英文版)由耶鲁大学出版，使他一举成名。这本书是中国现代小说批评的拓荒之作，作者以融贯中西的学识、宽广深邃的批评视野，探讨了中国现代白话小说创作的发展历程。其观点与正统的文学史观有着较大的差异，对以前被忽略和屏蔽的作家，如钱锺书、沈从文、张爱玲等人给予了高度评价，不亚于一次文学革命。

　　1952年开始研究中国现代小说时，凭我十多年来的兴趣和训练，我只能算是个西洋文学研究者。20世纪西洋小说大师——普鲁斯特、托马斯曼、乔伊斯、福克纳等——我都已每人读过一些，再读"五四"时期的小说，实在觉得它们大半写得太浅露了。那些小说家技巧幼稚且不说，他们看人看事也不够深入，没有对人心作深一层的发掘。这不仅是心理描写细致不细致的问题，更重要的问题是，小说家在描绘一个人间现象时，没有提供比较深刻的、具有道德意味的了解。所以我在本书第一章里就开门见山，直指中国现代小说的缺点即在其受范于当时流行的意识形态，不便从事于道德问题之探讨。

　　当今批评家斯坦纳曾言，西洋文学三大黄金时代当推伯里克利执政雅典期间的古希腊悲剧时代；英国的莎翁时代；以托尔斯泰、陀思妥耶夫斯基二人为代表的俄国19世纪后半期的小说时代。索福克勒斯[2]，莎士比亚，托、陀二翁，他们留给我们的作品，都借用人与人间的冲突来衬托出永远耐人寻味的道德问题。索、莎、托、陀诸翁正视人生，都带有一种宗教感；也就是说，在他们看来人生之谜到头来还是一个谜，仅凭人的力量与智

---

[1] 节选自《中国现代小说史》(广西师范大学出版社2014年版)。夏志清(1921—2013)，原籍江苏吴县，生于上海，耶鲁大学英文系博士，先后执教于美国密歇根大学、纽约州立大学、匹兹堡大学、哥伦比亚大学。主要著作有《中国现代小说史》《中国古典小说》《文学的前途》《人的文学》等。
[2] 索福克勒斯(约前496—前406)：雅典三大悲剧作家之一，代表作品有《安提戈涅》《俄狄浦斯王》。

慧，谜底是猜不破的。事实上，基督教传统里的西方作家都具有这种宗教感。我既是西洋文学研究者，在"结论"这一章里就直言"现代中国文学之肤浅，归根究底说来，实由于其对'原罪'之说，或者阐释罪恶的其他宗教论说，不感兴趣，无意认识"，所以写出来的小说也显得浅显而不能抓住人生道德问题的微妙之处了。

我写完本书后，即在匹兹堡大学、哥大教起中国文学来，传统文学十多年来真的读了不少。1968年我还写出了一本专论《中国古典小说》，自己对传统小说、戏剧真作了些研究。我渐渐发觉诗赋辞典古文，其最吸引人的地方还是辞藻之优美，对人生问题倒并没有作多少深入的探索。即以盛唐三大诗人而言，李白真想吃了药草成仙，谈不上有什么关怀人类的宗教感。王维那几首禅诗，主要也是自得其乐式的个人享受，看不出什么伟大的胸襟和抱负。只有杜甫一人深得吾心，他诗篇里所表扬的不仅是忠君爱国的思想，也是真正儒家人道主义的精神。

再反顾中国传统小说，其宗教信仰逃不出"因果报应""万恶淫为首"这类粗浅的观念，凭这些观念要写出索、莎、托、陀四翁作品里引人深思的道德问题来，实在是难上加难。我们可以说，大半传统小说里的宗教信仰，只能算是"迷信"；不少作品有其正视人生的写实性，也为其宗教思想所牵制而得不到充分的发挥。当然，《红楼梦》自有其比较脱俗的宗教思想，但其倾向则为逃避人生，并非正视人生。贾宝玉面临的苦恼太多了，最后一走了之，既对不住已死的黛玉、晴雯，更对不住活着的宝钗、袭人。比起《卡拉马佐夫兄弟》里的阿廖沙、《复活》里的聂赫留朵夫来，到最后贾宝玉只能算是自归灭绝的懦夫。他的情形同"白痴"梅什金公爵也有些不同。梅什金公爵最后真的转成白痴，但假如他一旦理智恢复，他还要努力拯救他所爱的人们。

我多年读书的结论是：中国文学传统里并没有一个正视人生的宗教观。中国人的宗教不是迷信，就是逃避，或者是王维式怡然自得的个人享受。但同时我也不得不同意胡适的一句话：我国固有文化的一个最大特色，即是我们的先民，"他们的宗教比较的是最简单、最近人情的"。

我国固有的文学，在我看来比不上发扬基督教精神的固有西方文学丰富。20世纪的中国文学当然也比不过仍继承基督教文化余绪的现代西洋文学。但西方人的宗教信仰也愈来愈薄弱了，他们日后创造的文学将是个什么样子很难预测，但无论如何，莎翁时

专题问道

专题 1　曾经的路途——现当代文学史梳理

代、19 世纪西方小说的黄金时代将是一去不复返了。在中国，情形恰相反。我们的先民宗教信仰极简单，而后世的读书人宗教信仰也比较薄弱，大半可说不信什么神佛——假如凭这个假定我们认为中国的文学传统应该一直是入世的，关注人生现实的，富有儒家仁爱精神的，则我们可以说这个传统是进入 20 世纪后才真正发扬光大，走上了一条康庄大道。古代读书人，受了孔孟教育，理应个个都甘为人民喉舌，揭露朝廷、社会上所见到的黑暗现象，但他们生活在皇帝专制政体下，大半变得"明哲保身""温柔敦厚"起来；也有很多人，无意官场，或者官场失意，人变得消极，求个"怡然自得"就够了。到了晚清末年，专制政体即将瓦解，读书人才真敢放胆写出他们心里要说的话来：所谓"谴责小说"的盛行，不是没有理由的。

大体说来，中国现代文学是揭露黑暗、讽刺社会、维护人的尊严的人道主义文学。无论如何，自从小女孩普遍缠足以来，这个中国传统社会实在是太黑暗了。缠足妇女，四肢得不到适当运动，生不下孩子惨死的，一千年来要有多少！我总觉得同情心、爱心是人类最高贵的情操；好多人道主义的作品诚然写得非常拙劣，但在宗教文化业已衰颓的今日，人道主义的精神是不容我们加以轻视的。

本书撰写期间，我总觉得"同情""讽刺"兼重的中国现代小说不够伟大；它处理人世道德问题比较粗鲁，也描画不出多少人的精神面貌来。但现在想想，拿富有宗教意义的西方名著尺度来衡量现代中国文学是不公平的，也是不必要的。到今天西方文明也已变了质，今日的西方文艺也说不上有什么"伟大"。但在深受西方影响的地区内，人民生活的确已改善不少，社会制度也比较合理；假如大多数人生活幸福，而大艺术家因之难产，我觉得这并没有多少遗憾。但丁的诗篇诚然是西方文化的瑰宝，但假如 13 世纪的意大利人民能逃出中世纪的黑暗，过着比较合理、开明的生活，但丁活在那个环境里，庸庸碌碌过了一生（能同贝阿特丽切①结婚当然更好），即使一无写诗的灵感，我想他也是心甘情愿的。

总括一句说，本书 1961 年出版后，中国新旧文学读得愈多，我自己也愈向"文学革

---

① 贝阿特丽切：但丁《神曲》中的人物，《神曲》中但丁·阿利基埃里单相思暗恋的情人贝阿特丽切的灵魂。

命"以来的这个中国现代文学传统认同。比起宗教意识愈来愈薄弱的当代西方文学来，我国反对迷信，强调理性的新文学倒可说是得风气之先。富于人道主义精神，肯为老百姓说话而绝不同黑暗势力妥协的新文学作家，他们的作品算不上"伟大"，可他们的努力实在是值得我们崇敬的。时至今日，我们最珍惜的那份文学遗产——《诗经》、古乐府，以及杜甫、关汉卿等肯为老百姓说话的那些文人所留给我们的作品——也可说属于"新文学"同一传统。当然任何国家的文字、语言不断在变，今日的诗人、剧作家，仅论辞藻的丰美，当然绝对比不过杜甫、关汉卿，正像今日英国诗人、剧作家比不过莎士比亚一样。但六七十年来，善用白话从事文学创作的人数不能算少；近二十年来那几位突出的诗人、小说家、散文家，他们的白话文，比起"五四"时代的那批名作家来，更是耐读、精练得多；只要有人能努力去写，白话文的前途是不容我们去忧虑的。

◎ **我思我在**

1. 在作者眼中，中国现代小说的最大缺失与最大收获分别是什么？

2. 作者认为，进入当代，因为人民的物质生活日渐丰富，中西方文学反而都无法产生"伟大"的作品了。你赞同这样的文学观点吗？请说明理由。

3. 在这篇序言中，作者没有提及中国现代小说的具体作家与作品。请你根据作者的述评合理推断：在众多中国现代小说家中，作者最欣赏的会是哪几位？他们的代表作都有哪些？

※ **实践笃行**

太太的客厅
——新月诗派研讨会

情境创设

电视纪录片《梁思成·林徽因》风靡之际，同学们对这对夫妇产生了浓厚的兴趣，当

专题问道

专题1 曾经的路途——现当代文学史梳理

时又有同学读到了冰心的小说《我们太太的客厅》,于是便有了这次主题活动。

当他们就此主题活动找语文老师商讨时,老师顺势将主题活动导向了文学流派与文学人物的探寻,并希望通过这次活动达成以下目标:

1. 了解新月派及其文学主张,对其作品有较全面准确的把握。
2. 了解作家的交往圈,探究文学沙龙对于文学流派形成、发展的重要影响。
3. 在交流讨论中,正确理解时代变迁是文学流派形成与发展的外在诱因,灵魂碰撞则是文学流派形成与发展的内在根源。

活动准备

1. 每个小组收集3位新月派作家青年时期的照片。
2. 每个小组成员对选择的3位作家的人生经历及主要作品有大致的了解。
3. 主持人下载电视纪录片《民国红颜林徽因》,以及与本次活动相关的视频。

活动过程

环节一 看短片

播放电视纪录片《民国红颜林徽因》片段,了解"太太的客厅"的来历及来宾身份。

环节二 连连线:绘制人物关系图

小组成员分工合作,从不同的书籍资料及网站上搜索诸位作家之间的关系。在连线的过程中,同学们会慢慢发现,"太太的客厅"其实是一个文学氛围极浓的沙龙组织,胡适是这个组织的精神领袖,徐志摩是沙龙早期的热心组织者,林徽因是沙龙永远不变的女主人。透过这张关系图,同学们应该能够发现林徽因文学鉴赏眼光之独特和她提携文学后辈的热情。(杨楠楠《林徽因的会客厅》一书逐一介绍了上述人物,

可参考)

环节三 讲故事

大家一定对徐志摩与林徽因的故事耳熟能详。1921年秋天,徐志摩认识了才女林徽因,两人交往甚密,他们在英国康桥度过了一段美好的日子,并有谈婚论嫁之意,可惜最后只留下了那首动人的《再别康桥》。大家一起来讲讲他们及其他新月派作家的故事吧!

请3—5位同学发言,时间控制在10分钟左右。

环节四 演演看

(1) 我来当编剧

编写一段太太客厅里的人物对话,要求对话能够体现新月派的文学主张,人物形象塑造能够表现林徽因的博学、机智、热情、周到。

可借鉴冰心小说《我们太太的客厅》中的场景描写,林徽因为女一号,徐志摩为男一号,其他人物由编剧根据剧情需要确定。

(2) 短剧表演:《太太的客厅》

形式不拘,登场人物以五六人为宜,时长不超过8分钟。

环节五 涨知识

各小组将收集到的有关新月派的史料制作成PPT,在课堂展示,看看哪一组带给大家最多、最宝贵的知识。如:

(1) 新月社起初是一个复杂的社交团体,参加新月社的成员,既有作家、诗人、大学教授等文化人,也有政治界、金融界的人物,还有附庸风雅的交际花,多色人等。后来新月社是中国现代文学史上影响较大的一个文学社团,它于1923年成立于北京,是"五四"以来最大的以探索新诗理论与新诗创作为主的文学社团。

(2) 徐志摩是新月社的发起人。他于1922年10月,在留学美国和英国之后回到北京,发起组织一种联络感情和培植势力的聚餐会。徐志摩说:"最初是聚餐会,从聚餐会产生新月社。"胡适、徐志摩、林徽因是新月社的主要发起人。徐志摩主持的《晨报·诗镌》是新月社同仁的主要发表阵地。

(3) 新月派的文学主张:"使新诗成为诗",使诗的内容及形式都表现出美的力量,成

专题问道

专题1 曾经的路途——现当代文学史梳理

为一种完美的艺术。具体表现在内容方面则要"理性节制情感",在形式方面则是"格律化",即闻一多所说的三美:音乐美、绘画美、建筑美。

环节六 分享会

化身为新月派中的一个人物,来推举一篇"自己"的作品,朗读给同学们听。然后结合作品分享你对新月派文学风格的理解。

比如分享林徽因的诗作《你是人间的四月天》、小说《九十九度中》等。时间15分钟左右。

活动结束

在本次活动的基础上,课外撰写一篇关于新月派作家作品的研读报告。

活动自检

活动阶段	活动细目	分值	自评
活动准备	① 收集照片	10分	
	② 了解作家人生经历及主要作品	10分	
	③ 阅读过新月派作品	10分	
活动过程	① 能完成"连连看"	15分	
	② 积极参与各环节活动	15分	
	③ 在对新月派的交流中,有闪光点	20分	
活动结束	课外撰写、上交研读报告	20分	

专题 2

缪斯的眼神
——现当代诗歌研习

学习目标

1. 了解现当代诗歌的发展历程,感知不同诗歌流派的基本风格。

2. 正确、有感情地朗诵现当代诗歌,感受其语言美、意境美和结构美。

3. 调动自己的生活经验,通过想象和联想,从语言、形象、主题、手法等不同角度深入鉴赏现当代诗歌。

4. 体会诗歌中蕴含的丰富思想情感,培养审美情趣,提高欣赏品位。

学习建议

诗歌不仅是中国古典文学的瑰宝,也是现当代文学的宝贵财富。五四新文化运动正是从新诗革命开始的。新诗打破了旧体诗形式上的束缚,将白话俗语入诗,重视表现真情实感。在吸收古典诗歌、民歌和西方诗歌营养的基础上,其表现方法和艺术形式丰富多彩,形成了现实主义、浪漫主义、象征主义等艺术潮流,出现了自由体、新格律体、十四行诗、散文诗等多种诗歌样式。

叶圣陶先生说:"读诗不仅要睁开眼睛看文字,更要在想象中睁开眼睛看由文字触发而构成的画面。"诚然,欣赏诗歌就要展开想象的翅膀,努力通过"纸上之诗",抵达诗人"心中之诗",最后还要努力获得自己的"心中之诗"。

学习本专题,我们当从以下几个方面着手:

1. 知人论世。了解诗歌产生的时代背景、作家的生平和创作的动机,有助于我们读懂一首诗。如《太阳》,是艾青在 1937 年日本全面侵华之后创作的一首短诗,了解了这一特殊的写作背景,我们便不难把握这首诗的内容和主旨了。

专题问道

专题2 缪斯的眼神——现当代诗歌研习

2. 把握形象。诗人精心选择的一个个意象,仿佛是欣赏诗歌的一扇扇窗户。透过这些形象,我们便可以感受诗歌的意境,把握诗人的情感,从而洞悉诗歌的主题。如穆旦的《在寒冷的腊月的夜里》,全诗创造了许多独特鲜明的意象,传达的正是自己在特殊历史时期内心复杂而幽微的情感。

3. 品味语言。诗歌语言凝练形象,富有色彩和节奏,反常搭配的"陌生化"处理更是屡见不鲜,常常能生动地表达出细微而丰富的思想感情。如北岛的《回答》:"卑鄙是卑鄙者的通行证,高尚是高尚者的墓志铭。看吧,在那镀金的天空中,飘满了死者弯曲的倒影。"

4. 反复诵读。虽然现当代诗歌的音乐性,表现的方式不同于古典诗歌,但一样能唤起我们耳朵的注意。学习中,要通过多种形式的反复诵读,品味诗歌的音乐美,进而调动自己的情感,与诗人形成情感的共鸣。如冯至《什么能从我们身上脱落》,其十四行诗的独特韵律,能让我们在顿挫之中跟随作者一起沉思。

读诗可以让我们获得一双诗性的慧眼,从而更好地发现和感受自然与生活的诗意。徜徉在中国现当代诗歌的海洋中,我们会发现蓝天白云是诗,春花秋月是诗,蝉鸣蛙语是诗,甚至那桥上看风景的人、那一串远去的马蹄声也是诗……同学们,青春是人生最具诗意的季节,就让我们带着一颗善感的心灵,去读懂艺术女神——缪斯双眸中那脉脉的诗情吧……

※ 含英咀华

太 阳①

艾 青

导读:艾青的诗歌继承了五四新文化运动的优良传统,紧密结合现实,充满战

---

① 选自《艾青诗选》(人民文学出版社1979年版)。艾青(1910—1996),原名蒋海澄,浙江金华人,诗人。著有诗集《大堰河》《北方》《向太阳》《归来的歌》,文学理论著作《诗论》,长篇小说《绿洲笔记》等。

斗精神。在艺术风格上,他的诗富有创新特质,是我国新诗发展史上的重要收获。他常常描写太阳、火把、黎明等有象征性的事物,以表现对旧社会黑暗和恐怖的痛恨,以及对光明和希望的向往之情。

从远古的墓茔

从黑暗的年代

从人类死亡之流的那边

震惊沉睡的山脉

若火轮飞旋于沙丘之上

太阳向我滚来……

它以难遮掩的光芒

使生命呼吸

使高树繁枝向它舞蹈

使河流带着狂歌奔向它去

当它来时,我听见

冬蛰的虫蛹转动于地下

群众在旷场上高声说话

城市从远方

用电力与钢铁召唤它

于是我的心胸

被火焰之手撕开

陈腐的灵魂

专题问道

专题2 缪斯的眼神——现当代诗歌研习

搁弃在河畔

我乃有对于人类再生之确信

◎ **我思我在**

1. 现代诗歌的音乐性一般通过节奏、押韵、轻重音等来表现。请反复吟诵第1节,试在文中用"‖"标出每一行的停顿,用"△"标出韵脚字,用"·"标出重音。

2. "若火轮飞旋于沙丘之上/太阳向我滚来……"诗人笔下"太阳"这个意象,显得极为奇异。你觉得它象征着什么?结合全诗,说说你的理由。

3. 诗中的"虚"是思想感情,诗中的"实"是景物形象。诗歌如果只写"虚",会显得抽象空洞,没有诗味;如果只写"实",则会显得死寂而缺乏生气。你能谈谈本诗是如何做到"虚实相生"的吗?

在寒冷的腊月的夜里①

穆 旦

> **导读**:这首诗以平静柔和而又令人心酸的抒情笔调,深刻揭示了20世纪40年代中国农村的生存面貌。诗人从景和人两个方面,选用了"风""大麦""牲口""多纹的脸"等一连串意象。这些意象有的鲜明易懂,有的意味深长。

在寒冷的腊月的夜里,风扫着北方的平原,

北方的田野是枯干的,大麦和谷子已经推进了村庄,

岁月尽竭了,牲口憩息了,村外的小河冻结了,

---

① 选自《穆旦诗精编》(长江文艺出版社2014年版)。穆旦(1918—1977),原名查良铮,祖籍浙江海宁,生于天津,诗人、翻译家。"九叶诗派"的杰出代表。诗集有《探险者》《穆旦诗集(1939—1945)》《旗》等,译作有《普希金抒情诗集》《唐璜》《布莱克诗选》等。

百年歌阑
中国现当代作家作品研习

在古老的路上，在田野的纵横里闪着一盏灯光，

一副厚重的，多纹的脸，

他想什么？他做什么？

在这亲切的，为吱哑的轮子压死的路上。

风向东吹，风向南吹，风在低矮的小街上旋转，

木格的窗纸堆着沙土，我们在泥草的屋顶下安眠，

谁家的儿郎吓哭了，哇——呜——呜——从屋顶传过屋顶，

他就要长大了渐渐和我们一样地躺下，一样地打鼾，

从屋顶传过屋顶，风

这样大岁月这样悠久，

我们不能够听见，我们不能够听见。

火熄了么？红的炭火拨灭了么？一个声音说，

我们的祖先是已经睡了，睡在离我们不远的地方，

所有的故事已经讲完了，只剩下了灰烬的遗留，

在我们没有安慰的梦里，在他们走来又走去以后，

在门口，那些用旧了的镰刀，

锄头，牛轭，石磨，大车，

静静地，正承接着雪花的飘落。

◎ **我思我在**

1. 诗歌常常抓住最能表达感情的几个镜头，进行跳跃式的描写。朗诵时要努力做到"声断意续"，用饱含情感的语调将这些跳跃的意象有机地贯穿起来。本诗第1节跳跃极大，试反复体会，看怎样诵读效果最好。

2. 穆旦说："每一首诗的思想，都得要作者去找一种形象来表达；这样表达出来的思想，比较新鲜而刺人。"你觉得本诗中哪些意象表达得新鲜而刺人，谈谈你的理解。

专题问道

专题2 缪斯的眼神——现当代诗歌研习

3. 有人说"所有的故事已经讲完了,只剩下灰烬的遗留""在没有安慰的梦里"这些诗句,写得太低沉、太绝望了。你怎么看?

什么能从我们身上脱落[①]

冯 至

> **导读:** 冯至1941年创作《十四行集》,在诗坛影响很大。十四行诗(Sonnet)发源于意大利,中文又音译为"商籁体",是一种格律严谨的抒情诗体。诗行总数为十四行,每行的音步(即停顿)数相同,每个诗节的韵式也相同。冯至曾说:"在抗战期中最苦闷的岁月里,多赖那朴质的原野供给我无限的精神食粮,当社会里一般的现象一天比一天趋向腐烂时,任何一棵田埂上的小草,任何一棵山坡上的树木,都曾给予我许多启示。"品读这首诗,你一定会对庸常的原野有许多新的认识。

什么能从我们身上脱落,
我们都让它化作尘埃:
我们安排我们在这时代
像秋日的树木,一棵棵

把树叶和些过迟的花朵
都交给秋风,好舒开树身
伸入严冬;我们安排我们
在自然里,像蜕化的蝉蛾

[①] 选自《冯至美诗美文》(东方出版社2005年版)。冯至(1905—1993),原名承植,字君培,河北人,诗人、学者。1925年参与创办沉钟社。著有诗集《昨日之歌》《十四行诗》,散文集《山水》,小说《伍子胥》,论著《论歌德》等。

把残壳都丢在泥里土里；
我们把我们安排给那个
未来的死亡，像一段歌曲

歌声从音乐的身上脱落，
归终剩下了音乐的身躯
化作一脉的青山默默。

◎ **我思我在**

1. 这首十四行诗，每行 4 顿；押韵错落有致，其格式是 ABBA、ACCA、DAD、ADA。试用"‖"画出各句的停顿，用"△"标出其中的押韵字，然后反复朗读，体会其独特的音乐性。

2. 写这首诗时，冯至已经由早年的苦闷和忧伤，渐渐转向了哲理的思索，所以李广田称冯至的诗是"沉思的诗"。请结合诗歌的标题，说说作者思考的是什么。

3. 冯至说："任何一棵山坡上的树木，都曾给予我许多启示。"在某个心灵为之一动的时刻，你可能也从大自然的一棵树、一朵花、一声鸟啼中，得到了关于生命的某种启示。仿照这首诗，尝试来写一首短诗吧。

回　　答[①]

北　岛

导读：这首诗作于1976年，标志着朦胧诗时代的开始。与同期其他朦胧诗人相比，北岛对人生和历史的思考更具思辨性，艺术上多采用直觉性的意象，运用隐喻、象征、通感、蒙太奇等手法。因此，他诗歌中的意象常常显得瘦硬奇崛，给人以极大的震撼力。

[①] 选自《北岛诗精编》（长江文艺出版社2014年版）。北岛（1949—　），原名赵振开，祖籍浙江湖州，当代诗人，为朦胧诗代表人物之一。著有诗集《北岛诗歌集》《太阳城札记》《陌生的海滩》，散文集《失败之书》，小说《波动》等。作品被译成30余种文字。曾获得多种国际文学奖及荣誉。

专题问道

专题 2　缪斯的眼神——现当代诗歌研习

卑鄙是卑鄙者的通行证，
高尚是高尚者的墓志铭。
看吧，在那镀金的天空中，
飘满了死者弯曲的倒影。

冰川纪过去了，
为什么到处都是冰凌？
好望角发现了，
为什么死海里千帆相竞？

我来到这个世界上，
只带着纸、绳索和身影，
为了在审判之前，
宣读那些被判决了的声音：

告诉你吧，世界
我——不——相——信！
纵使你脚下有一千名挑战者，
那就把我算作第一千零一名。

我不相信天是蓝的，
我不相信雷的回声，
我不相信梦是假的，
我不相信死无报应。

如果海洋注定要决堤，
就让所有的苦水注入我心中；

如果陆地注定要上升，
就让人类重新选择生存的峰顶。

新的转机和闪闪星斗，
正在缀满没有遮拦的天空，
那是五千年的象形文字，
那是未来人们凝视的眼睛。

◎ 我思我在

1. 当众朗诵是一种高雅的艺术，它与一般的朗诵不一样，它讲究在最为关键之处，通过极有冲击力的强化表达，给听众以震撼，使听者产生强烈的"巅峰体验"。你觉得本诗哪些地方是这样的"关键之处"？尝试用重音、夸张等朗诵技巧，当众朗诵这些句子。

2. "卑鄙是卑鄙者的通行证，高尚是高尚者的墓志铭。"本诗开篇两行，以悖论式警句直斥那个荒谬的时代，意蕴丰富。请根据你所了解的相关知识，来谈谈自己的理解。

3. 迫于当时的政治环境，象征手法在北岛的诗里得到了广泛的运用。请从"镀金的天空""冰川纪""死海""好望角"等意象中任选一个，和同学们分享你的理解。

短 诗 一 组

导读：在新诗发展的百年历程中，短诗逐渐发展为一种独特的诗歌体裁。因为它短小的形式、集中的主题、浓缩的情感、丰富的理趣等特有的诗性气质，深受广大读者的喜爱。

专题问道

专题2 缪斯的眼神——现当代诗歌研习

> 《沙扬娜拉——赠日本女郎》作于1924年徐志摩陪泰戈尔到东京讲学期间。全诗字句清新,韵律和谐,比喻新奇,意境优美,具有鲜明的艺术个性。《理发店》由"胰子沫"写到"宇宙",看似荒诞不经,却深刻地揭示出了一种人生哲理。《远和近》看似不事雕凿,信手拈来;实则匠心独具,刻意求工。《秋》的中心意象"王"是海子常用来表示与自身相关的一个意象。

沙扬娜拉
——赠日本女郎[①]

徐志摩

最是那一低头的温柔,

　　像一朵水莲花不胜凉风的娇羞,

道一声珍重,道一声珍重,

　　那一声珍重里有蜜甜的忧愁。

　　沙扬娜拉!

理发店[②]

废 名

理发店的胰子沫

同宇宙不相干

又好似鱼相忘于江湖。

匠人手下的剃刀

[①] 选自《志摩的诗》(作家出版社2000年版)。徐志摩(1896—1931),浙江海宁人,"新月派"代表诗人。著有诗集《志摩的诗》《翡冷翠的一夜》《猛虎集》《云游》,散文集《落叶》《巴黎的鳞爪》《秋》等。1931年因飞机失事去世。

[②] 选自《废名集》(北京大学出版社2009年版)。废名(1901—1967),原名冯勋北,学名冯文炳,作家、学者。著有长篇小说《莫须有先生传》,诗歌集《我认得人类的寂寞:废名诗集》等。

想起人类的理解

划得许多痕迹。

墙上下等的无线电开了,

是灵魂之吐沫。

远和近①

顾 城

你

一会看我

一会看云

我觉得

你看我时很远

你看云时很近

秋②

海 子

秋天深了,神的家中鹰在集合

神的故乡鹰在言语

秋天深了,王在写诗

在这个世界上秋天深了

---

① 选自《黑眼睛》(人民文学出版社1986年版)。顾城(1956—1993),被称为当代的"唯灵浪漫主义"诗人。顾城17岁开始写作生涯,随后开始学画,21岁成为中国朦胧诗派的重要代表诗人,一生留下大量诗、文、书法、绘画等作品。

② 选自《海子诗全编》(三联书店1997年版)。海子(1964—1989),原名查海生,出生于安徽查湾村,诗人。他说:"我的诗歌理想是在中国成就一种伟大的集体的诗。我不想成为一名抒情诗人,或一位戏剧诗人,甚至不想成为一名史诗诗人,我只想融合中国的行动,成就一种民族和人类的结合,诗和真理合一的大诗。"

专题问道

专题2 缪斯的眼神——现当代诗歌研习

> 该得到的尚未得到
> 该丧失的早已丧失

◎ **我思我在**

1. 熟读成诵在诗歌鉴赏中具有重要意义。请从上面的4首诗中任选一首,花几分钟时间背诵下来。

2. 《沙扬娜拉——赠日本女郎》全诗仅5句,诗人以日语中的"再见"一词为题,巧妙地捕捉了生活中最常见的告别场景,描写得十分精巧别致,尤其是"像一朵水莲花不胜凉风的娇羞"一语。试结合诗句,发挥想象,描述你心中这位日本女性的形象。

3. 艾青说:"每个诗人有一个自己的诗神。"应该说,《远和近》《理发店》《秋》三首诗都蕴含着诗人各自的生命体验和人生思考。请你选择一首,搜集有关资料,试写一篇赏析文章。

※ **实践笃行**

月 光 诗 会
——现代诗歌朗诵会

情境创设

学了本单元之后,高一(1)班的同学们兴致盎然,相约在九月末,选一个月朗星稀的夜晚,在校园内举办"月光诗会"。他们希望达成以下目标:

1. 进一步了解现代诗歌史上重要的诗人和一些描写月的诗歌。
2. 学习现代诗歌的朗诵技巧,体会诗歌朗诵的独特魅力。
3. 交流诗歌学习的体验,提高对现代诗的鉴赏能力。

活动准备

以灯光搭配月光,进行简单的舞台设计,营造诗歌朗诵氛围;搜集与月亮相关的现代

诗歌;搜集改编自现代诗歌的与月亮相关的歌曲。

3—5位同学组成文稿小组,负责晚会主持人的开场白、串词、结束语;1—2位同学准备开场曲《月下待杜鹃不来》的表演;结合自荐和互荐,挑选出2—3个诗歌朗诵节目;推选同学、邀请老师参加品读讨论;思考研讨的话题,形成书面文字;邀请朗诵水平较高的老师担任嘉宾。

活动过程

环节一 唱开场曲《月下待杜鹃不来》

《月下待杜鹃不来》是徐志摩的同题诗,原唱费玉清。在宁静的夜空中,繁星点点,一轮皎洁的圆月在云中穿行,淡淡的月光洒向大地、洒在校园。灯光渐暗,光束集中在表演者身上。

主持人:赏月吟诗,是诗人们的一件雅事。"举杯邀明月,对影成三人。"月亮是李白的知心好友。而现代诗人、现代诗歌也与月亮结下了美妙的情缘。徐志摩与月亮颇为亲近,与之相伴听琴(《月夜听琴》),与之诉说心中情事(《月下待杜鹃不来》);余光中笔下,月亮将我们的世界装扮得更加美丽、更加神秘(《绝色》)。月与诗,是那么自然而贴切地合为一体。今晚,我们在月下读诗,也成了一件美事。就让我们沐浴在柔美的月光下,吟诵我们喜欢的现代诗歌,与我们欣赏的现代诗人来一次穿越时空的灵魂对话吧!

环节二 行飞花令

主持人:月亮,是诗人心中美丽而永恒的存在。很多现代诗人都写过与月亮相关的美丽诗篇。《中国诗词大会》上,飞花令这个环节大家一定印象深刻。今晚,我们在自己的舞台上也来上演这精彩的飞花令吧!

我先给大家开一个头,比如余光中的《绝色》:善变的巫娘,那月亮/翻译是她的特长/却把世界译走了样……若逢新雪初霁,满月当空/下面平铺着皓影/上面流转着亮银/而你带笑地向我步来/月色与雪色之间/你是第三种绝色。

下面,邀请10位同学上台,分成两组,以"月"为关键词,两组同学轮流背诵含有"月"的现代诗句,看看谁更胜一筹。

专题问道

专题2 缪斯的眼神——现当代诗歌研习

环节三 诵月亮诗

主持人：在飞花令的环节，我们发现，月亮真是一个亘古不变的诗歌题材，同学们找到的"月亮诗"举不胜举！下面，我们邀请几位同学来朗诵几首跟月亮有关的诗歌，借助诗人那动情的笔墨，来抒发我们对月亮的无限深情吧！

下面，首先请我们班"朗诵一姐"××同学为我们朗诵穆旦的诗作《在寒冷的腊月的夜里》。

××同学：现代诗歌史上有这样一首诗，在平静柔和而又令人心酸的抒情笔调中，深刻揭示了20世纪40年代中国农村的生存面貌。这首诗的作者是"九叶诗派"代表性诗人穆旦。穆旦诗歌突出的风格是沉郁顿挫而不悲观，含蓄蕴藉而不晦涩，更富有深沉、凝重、悲壮之感。

环节四 赏月亮诗

舞台上，课桌以半圆形摆开。在明亮的灯光和月光下，针对以下三个话题，师生间展开自由讨论。

主持人：清代文学家张潮《幽梦影》有言："月下谈禅，旨趣益远；月下论诗，风致益幽。"古往今来，读读诗，品品诗，已是美事一件。再加上是在月下，美事便更添了几番韵味。让我们在静静的月光下，畅谈自己读诗的体会，畅谈自己心中的诗歌王国。

话题一：分享一首你最喜欢的月亮诗，谈谈它美在何处？

话题二：在现代诗歌朗诵技巧方面，你能分享一些经验吗？

根据讨论，主持人可以适当归纳。比如朗诵要根据情感的需要，调控语速。如果表现的内容是欢快的、激动的或紧张的，速度要快一些；表现的内容是悲痛的、低沉的或抒情的，速度要慢一些；表现的内容是平铺直叙的，速度中等为宜。在同一首诗中，情感有发展，语速也应随之有变化等。

话题三：韩寒曾质疑："现代诗和诗人怎么还存在？"而诗人赵颉曾特别作诗一首《诗歌和诗者存在的意义》，回答了诗人存在的意义。你觉得现代诗歌有存在的意义吗？

环节五 嘉宾献演

灯光渐暗，光束聚焦于嘉宾老师身上。本环节主要想彰显三点：师生同乐，感受现代诗之美，诵读示范。

今晚，月色皎洁。感谢××老师深情而美妙的朗诵，为我们今晚的"月光诗会"画上了一个圆满的句号！我们当不负月光，不负诗情，努力追寻诗意的人生！

活动结束

选一首自己最喜欢的现代诗歌，写一篇鉴赏文章（300字左右），录制一个朗诵视频。

活动自检

活动阶段	活动细目	分值	自评
活动准备	① 参与简单的舞台设计：以灯光搭配月光，营造诗歌朗诵氛围	5分	
	② 搜集与月亮相关的现代诗歌篇目及改编自现代诗歌的与月亮相关的歌曲	20分	
活动过程	① 积极参与开场曲的演唱	5分	
	② 主动参加飞花令活动，争取获得胜利	15分	
	③ 热情朗诵"月亮诗"，注意在语言表达、态势神情、仪表形象等方面的朗诵要求	15分	
	④ 积极参与圆桌讨论，提出自己个性化的观点	15分	
活动结束	① 选一首自己最喜欢的现代诗歌，写一篇鉴赏文章（300字左右）	20分	
	② 录制一个朗诵视频	5分	

专题 3

人生的况味
——现当代散文研习

学习目标

1. 在朗读中推敲品味关键词句,感受现当代散文的语言魅力。
2. 理清思路,理解内涵,进而获得对自然、社会、人生的启示。
3. 尝试开展批判性阅读,努力对作品和作家作出自己的评价。
4. 了解相关作家的创作风格,对中国现当代散文形成较为系统的认识。

学习建议

散文是文学宝库中一道亮丽的风景。那些经典散文,表达着对人生意义的深入思考,字里行间也蕴藏着作家丰富多彩的情感世界。优美的散文可谓"无韵之诗",给人以无穷的美感和深刻的思考。徜徉其中,那优美精练的文字,灵活多变的结构,诗意空灵的意境,真挚淳厚的情感,总能拨动我们心灵深处的琴弦。

散文是通过描写、记叙、抒情、议论等方式记录所见所闻,表达生活感悟的一种文学形式。要想真正理解散文的精妙,一定要在宏观把握文章情感的前提下,以某段或某句为突破口,揣摩咀嚼其中的绝妙之处,从而获得对全篇的深入理解。

学习本专题,要做到以下几点:

1. 诵读文章,感知形象。学习散文要重视诵读,在反复诵读的基础上,抓住文章的结构和线索(文脉),初步体悟作者的思想情感。如欣赏刘亮程的《寒风吹彻》,用舒缓平静的语言,你也能读出文字背后彻骨的寒意。

2. 品味语言,把握意蕴。品读关键语句,如抒情句、议论句、过渡句、总结句等,进而从整体上把握文章的主旨及作家的情感。如《故乡的野菜》中"自从十二三岁时外出不参

百年歌阅
中国现当代作家作品研习

与外祖家扫墓以后,不复见过茧果,近来住在北京,也不再见黄花麦果的影子了",蕴含作者深切的思乡之情。

3.调动想象,激发共鸣。阅读散文要学会结合已有的知识和体验,充分调动自己的想象力,努力与作者形成情感上的共鸣。如《轻轻地走与轻轻地来》中,"我既看见我的眺望,又看见我在眺望",如果你借助想象,便不难看见那一幅画面,进而引起相似的联想。

亲爱的同学们,让我们走进现当代散文专题,静观花开花落,笑看云卷云舒,一起品尝人生的况味!

※ 含英咀华

故乡的野菜①

周作人

> **导读**:周作人的散文冲淡平和,清新雅致,如诉家常。"我的故乡不止一个,凡我住过的地方都是故乡",而当他的妻子从菜市场买菜回来说起"有荠菜在那里卖着",作者便打开了对于故乡记忆的闸门。故乡的野菜,浙东的风俗习惯,市井风情在作者的笔下娓娓道来。

我的故乡不止一个,凡我住过的地方都是故乡。故乡对于我并没有什么特别的情分,只因钓于斯游于斯的关系,朝夕会面,遂成相识,正如乡村里的邻舍一样,虽然不是亲属,别后有时也要想念到他。我在浙东住过十几年,南京东京都住过六年,这都是我的故乡;现在住在北京,于是北京就成了我的家乡了。

---

① 选自《周作人散文经典》(春风文艺出版社2015年版)。周作人(1885—1967),原名櫆寿,字启明,浙江绍兴人,中国散文家、翻译家。青年时代留学日本,与兄周树人(鲁迅)一起翻译介绍外国文学。五四运动时任北京大学等校教授,并从事写作。著有《自己的园地》《雨天的书》《谈龙集》等。

专题问道

专题3 人生的况味——现当代散文研习

日前我的妻往西单市场买菜回来,说起有荠菜在那里卖着,我便想起浙东的事来。荠菜是浙东人春天常吃的野菜,乡间不必说,就是城里只要有后园的人家都可以随时采食,妇女小儿各拿一把剪刀一只"苗篮",蹲在地上搜寻,是一种有趣味的游戏的工作。那时小孩们唱道:"荠菜马兰头,姊姊嫁在后门头。"后来马兰头有乡人拿来进城售卖了,但荠菜还是一种野菜,须得自家去采。关于荠菜向来颇有风雅的传说,不过这似乎以吴地为主。《西湖游览志》云:"三月三日男女皆戴荠菜花。谚云,三春戴荠花,桃李羞繁华。"顾禄的《清嘉录》上亦说,"荠菜花俗呼野菜花,因谚有三月三蚂蚁上灶山之语,三日人家皆从野菜花置灶陉①上,以厌虫蚁。清晨村童叫卖不绝。或妇女簪髻上以祈清目,俗号眼亮花。"但浙东却不很理会这些事情,只是挑来做菜或炒年糕吃罢了。

黄花麦果通称鼠曲草,系菊科植物,叶小微圆互生,表面有白毛,花黄色,簇生梢头。春天采嫩叶,捣烂去汁,和粉做糕,称黄花麦果糕。小孩们有歌赞美之云:

黄花麦果韧结结,

关得大门自要吃,

半块拿弗出,一块自要吃。

清明前后扫墓时,有些人家——大约是保存古风的人家——用黄花麦果作供,但不做饼状,做成小颗如指顶大,或细条如小指,以五六个做一攒,名曰茧果,不知是什么意思,或因蚕上山时设祭,也用这种食品,故有是称,亦未可知。自从十二三岁时外出不参与外祖家扫墓以后,不复见过茧果,近来住在北京,也不再见黄花麦果的影子了。日本称作"御形",与荠菜同为春天的七草之一,也采来做点心用,状如艾饺,名曰"草饼",春分前后多食之,在北京也有,但是吃去总是日本风味,不复是儿时的黄花麦果糕了。

扫墓时候所常吃的还有一种野菜,俗称草紫,通称紫云英。农人在收获后,播种田内,用作肥料,是一种很被贱视的植物,但采取嫩茎瀹②食,味颇鲜美,似豌豆苗。花紫红色,数十亩接连不断,一片锦绣,如铺着华美的地毯,非常好看,而且花朵状若蝴蝶,又如鸡雏,尤为小孩所喜,间有白色的花,相传可以治痢。很是珍重,但不易得。日本《俳句大

---

① 灶陉(xíng):灶边突出部分。

② 瀹(yuè):煮。

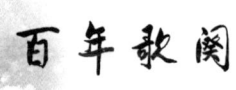

辞典》云："此草与蒲公英同是习见的东西，从幼年时代便已熟识。在女人里边，不曾采过紫云英的人，恐未必有罢。"中国古来没有花环，但紫云英的花球却是小孩常玩的东西，这一层我还替那些小人们欣幸的。浙东扫墓用鼓吹，所以少年常随了乐音去看"上坟船里的姣姣"；没有钱的人家虽没有鼓吹，但是船头上篷窗下总露出些紫云英和杜鹃的花束，这也就是上坟船的确实的证据了。

◎ **我思我在**

1. 联想是散文创作中最常见的思维方式。妻子说起有荠菜在市场里卖着，作者便想起了"浙东的事来"。你的生活中有过类似的联想经历吗？请结合生活实例体会联想的作用。

2. 本文流淌着作者对故乡深挚的感情，但在文章第1段中写道，"故乡对于我并没有什么特别的情分，只因钓于斯游于斯的关系"。这样写，你觉得矛盾吗？

3. 这篇散文的引文占据了文章将近六分之一。请你画出相关的语句，说说这样写的妙处。

聂子其人[①]

韩少功

> **导读**：韩少功的散文多关注现实，有的谈及物欲横流，有的关注理想沉落，往往都以小见大。他的文章整体上呈现出一种问题意识，在平实的语言下有严肃的姿态和厚重的思想，即使在令人忍俊不禁的《聂子其人》中，我们也可以体会到其敏锐的洞察力和深刻的哲理。

---

① 选自《韩少功散文》（浙江文艺出版社2010年版）。韩少功(1953—)，出生于湖南长沙，"寻根文学"的代表作家之一。曾获法国文化部颁发的"法兰西文艺骑士勋章"、鲁迅文学奖、第五届华语文学传媒大奖之"杰出作家奖"等。著有小说《爸爸爸》《马桥词典》，散文集《完美的假定》《山南水北》等。

专题问道

专题3 人生的况味——现当代散文研习

世上有孔子、墨子、庄子、荀子……还有聂子。照我们乡下的称谓法,凡男人都可以简称为某子,因此聂鑫森是合法的聂子。

聂子在传说中胆子小,住在工厂宿舍的时候,晚上去上公共厕所,怕一路上的黑暗,怕附近农民的狗,怕草丛里的蛇蝎,必由夫人或孩子陪着壮胆。这些说法不知是否属实,但作为笑料一直在朋友圈里流传。不过,在北京读书的那年头,有一次他听到某些人闲言碎语攻击一位作家,他与被攻击者其实非亲非故无裙无带,只是觉得攻击过于离谱,不惜翻然作色拍案而起,同攻击者们始而争辩,继而恶吵,还差一点动起手脚。这样看来,他眼里揉不得沙子,好打抱天下之不平,关键时刻不惜以寡敌众,在习惯于和光同尘的国人中倒是胆大。

聂子在传说中十分守旧,写信要用毛笔,每日躬亲洒扫,会女宾必邀第三者,大概切肉片还务求方正,一切都循古制;更遑论孝父母必定期叩拜问安,亲手足必多方资援力助,只是悌兄之礼不可或缺——有时候长兄架子是要摆一摆的,弟弟们的见面礼不论厚薄是要的,否则脸上顿见不悦,还要严词训导。不过,这样一个出土文物式的夫子在文学上倒不失新锐。他早期诗歌就很新潮,颇有惠特曼和马雅可夫斯基的风采,后来改写小说与散文也频频变体,谈卡夫卡、马尔克斯、博尔赫斯、福楼拜、福克纳、纳巴科夫等也历历如数家珍,对绘画、雕塑、书法、建筑、摄影等领域里的各种成功的离经叛道之作,无不津津乐道逢人便告,足令很多新派后生自愧不及。一踢一撕得梦因得死改(It is the moon in the sky)……他甚至用湘潭英语背诵过洋诗,只差没有把《论语》唱成蓝调和摇滚,没把最前卫的文学打成天津快板和京韵大鼓。

聂子也是一个不轻易合群从众的人。文坛的这派那派,他哪派都不沾。文坛的这热闹那热闹,他哪里都不去凑。很多作家朋友曾邀他下海打伙经商,邀他结伴迁调沿海,还曾推荐他到省城出任作协要职,但这些美意在他看来都如加祸于人,吓得他连连摆手,语无伦次,一脸苦相。他情愿龟缩在株州那座老城,紧守住他在报社的那张陈旧办公桌,天天窜行于他那几十年也没走厌的长街小巷,铁了心要辜负友人的期待和重托,做一个居委会也能领导和指挥的革命群众,一个无声无息的独行人。但他的独行并非孤傲,退避并非冷漠,半睡半醒地嘿嘿一笑并非世故。只要把时间拉长,他一份恒温、恒压、恒湿的友情就让很多人惊讶和肠热——不管你与他过从密还是来往疏,也不论你在后来的日子里是发达还是落泊,每逢新年你都可能接到一方别致的手工贺卡:书是聂书、画是聂画、印是聂印,甚至诗是聂诗,其诗、书、画、印四美俱而情意深,透出你熟悉的某种气息,某种遥远的可靠性和安全感。有一次,他还给我附寄小楷抄书一册,清代张潮的《幽梦影》——不过是我有一次偶然提到这本书难找,他就悄悄记在心上,未能在书店里替我买到,竟帮我厚厚地抄录一本!

这就是聂子鑫森。

一个瘦瘦的黑面人,一个奇异的性格多面体,一个你不需记住但困难时和孤独时就悄然入心的身影。

聂子出道极早,在我还刚刚开始阅读报刊的时候,就熟悉他的铅印名字。当很多人炒文学股票短线速进速出之后,他仍有旺盛的活力和顽强的耐力,有稳定的创作产量和质量,更有稳定的乐世心态:只要有好茶一杯,香烟一盒,就可以与朋友海阔天空彻夜谈;从名人巨著谈到新手习作,为任何人的成就而高兴,为任何巨大或微小的新知而兴奋。他简直是一个体力无限让人生畏的文学马拉松长跑选手,既不关心前面是否有人拿奖,也不关心后面是否有人退出,甚至不关心眼下是否有观众、裁判以及其他参赛者,只是永动机一般地不断迈出两腿,以不紧不慢的巡航速度翻山越岭,穿越朝霞和夕阳,跑着自己的笔墨人生。

如果他没有成为孔子、墨子、庄子、荀子……但化用鲁迅先生一句话:他和他的同道仍是中国文学的脊梁。

子曰:活力我所欲也,定力亦我所欲也。

子曰:人生苦短,学海无边,众不堪其忧,唯贤者不改其乐。

子曰:有音容可供思念,不亦乐乎?

……

我忘了这些话是出自孔子还是聂子,抑或是出自我想象中 N 多的另一些子?出自我想象中无数似曾相识的往者和来者?

◎ **我思我在**

1. 结合文章内容,说说你眼中聂子是怎样的一个人。

专题问道

专题3 人生的况味——现当代散文研习

2. 文章的结尾处连用了三个"子曰"和三个"出自",你觉得用意何在?

3. 第5段和第6段是对前文的总结。有人说,这两段应该放在文章末尾,你赞成吗?请说明理由。

轻轻地走与轻轻地来①

史铁生

> **导读**:史铁生是当代文坛最令人敬仰的作家之一。他虽身陷轮椅,但思想自由飞翔。在本篇中,他说"我盼望夜晚,盼望黑夜,盼望寂静中自由的到来",正因为有这样的"自由之思",文章才呈现出了非凡的想象力和思辨力,让我们在阅读中触摸永恒,在现实中进入深远,在痛苦中看到动人的微笑。

现在我常有这样的感觉:死神就坐在门外的过道里,坐在幽暗处,凡人看不到的地方,一夜一夜耐心地等我。不知什么时候它就会站起来,对我说:嘿,走吧。我想那必是不由分说。但不管是什么时候,我想我大概仍会觉得有些仓促,但不会犹豫,不会拖延。

"轻轻地我走了,正如我轻轻地来"——我说过,徐志摩这句诗未必牵涉生死,但在我看,却是对生死最恰当的态度,作为墓志铭真是再好也没有。

死,从来不是一次性完成的。陈村②有一回对我说:人是一点一点死去的,先是这儿,再是那儿,一步一步终于完成。他说得很平静,我漫不经心地附和,我们都已经活得不那么在意死了。

---

① 选自《史铁生作品精选》(长江文艺出版社2015年版)。史铁生(1951—2010),北京人,当代作家、散文家。1969年去延安插队,因双腿瘫痪于1972年回到北京。曾任北京作家协会副主席、中国残疾人联合会副主席。著有中短篇小说集《我的遥远的清平湾》《礼拜日》《舞台效果》《命若琴弦》,长篇小说《务虚笔记》《我的丁一之旅》等。

② 陈村:原名杨遗华,上海人。1979年发表处女座小说《两代人》,步入文坛。因患强直性脊柱炎而常年弯腰驼背,故以"弯人"自号。主要作品有《从前》《他们》《躺着读书》等。

百年歌阕

中国现当代作家作品研习

这就是说,我正在轻轻地走,灵魂正在离开这个残损不堪的躯壳,一步步告别着这个世界。这样的时候,不知别人会怎样想,我则尤其想起轻轻地来的神秘。比如想起清晨、晌午和傍晚变幻的阳光,想起一方蓝天,一个安静的小院,一团扑面而来的柔和的风,风中仿佛从来就有母亲和奶奶轻声的呼唤……不知道别人是否也会像我一样,由衷地惊讶:往日呢?往日的一切都到哪儿去了?

生命的开端最是玄妙,完全的无中生有。好没影儿的忽然你就进入了一种情况,一种情况引出另一种情况,顺理成章天衣无缝,一来二去便连接出一个现实世界。真的很像电影,虚无的银幕上,比如说忽然就有了一个蹲在草丛里玩耍的孩子,太阳照耀他,照耀着远山、近树和草丛中的一条小路。然后孩子玩腻了,沿小路蹒跚地往回走,于是又引出小路尽头的一座房子,门前正在张望他的母亲,埋头于烟斗或报纸的父亲,引出一个家,随后引出一个世界。孩子只是跟随这一系列情况走,有些一闪即逝,有些便成为不可更改的历史,以及不可更改的历史的原因。这样,终于有一天孩子会想起开端的玄妙:无缘无故,正如先哲所言——人是被抛到这个世界上来的。

其实,说"好没影儿的忽然你就进入了一种情况"和"人是被抛到这个世界上来的",这两句话都有毛病,在"进入情况"之前并没有你,在"被抛到这世界上来"之前也无所谓人。——不过这应该是哲学家的题目。

对我而言,开端,是北京的一个普通四合院。我站在炕上,扶着窗台,透过玻璃看它。屋里有些昏暗,窗外阳光明媚。近处是一排绿油油的榆树矮墙,越过榆树矮墙远处有两棵大枣树,枣树枯黑的枝条镶嵌进蓝天,枣树下是四周静静的窗廊。——与世界最初的相见就是这样,简单,但印象深刻。复杂的世界尚在远方,或者,它就蹲在那安恬的时间四周窃笑,看一个幼稚的生命慢慢睁开眼睛,萌生着欲望。

奶奶和母亲都说过:你就出生在那儿。

其实是出生在离那儿不远的一家医院。生我的时候天降大雪。一天一宿罕见的大雪,路都埋了,奶奶抱着为我准备的铺盖趟着雪走到医院,走到产房的窗檐下,在那儿站了半宿,天快亮时才听见我轻轻地来了。母亲稍后才看见我来了。奶奶说,母亲为生了

专题问道

专题3 人生的况味——现当代散文研习

那么个丑东西伤心了好久,那时候母亲年轻又漂亮。这件事母亲后来闭口不谈,只说我来的时候"一层黑皮包着骨头",她这样说的时候已经流露着欣慰,看我渐渐长得像回事了。但这一切都是真的吗?

我蹒跚地走出屋门,走进院子,一个真实的世界才开始提供凭证。太阳晒热的花草的气味,太阳晒热的砖石的气味,阳光在风中舞蹈、流动。青砖铺成的十字甬道连接起四面的房屋,把院子隔成四块均等的土地,两块上面各有一棵枣树,另两块种满了西番莲。西番莲顾自开着硕大的花朵,蜜蜂在层叠的花瓣中间钻进钻出,嗡嗡地开采。蝴蝶悠闲飘逸,飞来飞去,悄无声息仿佛幻影。枣树下落满移动的树影,落满细碎的枣花。青黄的枣花像一层粉,覆盖着地上的青苔,很滑,踩上去要小心。天上,或者是云彩里,有些声音,有些缥缈不知所在的声音——风声?铃声?还是歌声?说不清,很久我都不知道那到底是什么声音,但我一走到那块蓝天下面就听见了他,甚至在襁褓中就已经听见他了。那声音清朗,欢欣,悠悠扬扬不紧不慢,仿佛是生命固有的召唤,执意要你去注意他,去寻找他、看望他,甚或去投奔他。

我迈过高高的门槛,艰难地走出院门,眼前是一条安静的小街,细长、规整,两三个陌生的身影走过,走向东边的朝阳,走进西边的落日。东边和西边都不知通向哪里,都不知连接着什么,唯那美妙的声音不惊不懈,如风如流……

我永远都看见那条小街,看见一个孩子站在门前的台阶上眺望。朝阳或是落日弄花了他的眼睛,浮起一群黑色的斑点,他闭上眼睛,有点怕,不知所措,很久,再睁开眼睛,啊好了,世界又是一片光明……有两个黑衣的僧人在沿街的房檐下悄然走过……几只蜻蜓平稳地盘桓,翅膀上闪动着光芒……鸽哨声时隐时现,平缓,悠长,渐渐地近了,噗噜噜飞过头顶,又渐渐远了,在天边像一团飞舞的纸屑……这是件奇怪的事,我既看见我的眺望,又看见我在眺望。

那些情景如今都到哪儿去了?那时刻,那孩子,那样的心情,惊奇和痴迷的目光,一切往日情景,都到哪儿去了?它们飘进了宇宙,是呀,飘去五十年了。但这是不是说,它们只不过飘离了此时此地,其实它们依然存在?

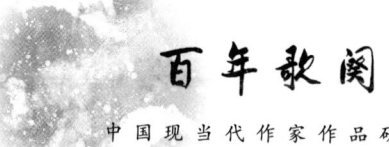

梦是什么？回忆，是怎么一回事？

倘若在五十光年之外有一架倍数足够大的望远镜，有一个观察点，料必那些情景便依然如故，那条小街，小街上空的鸽群，两个无名的僧人，蜻蜓翅膀上的闪光和那个痴迷的孩子，还有天空中美妙的声音，便一如既往。如果那望远镜以光的速度继续跟随，那个孩子便永远都站在那条小街上，痴迷地眺望。要是那望远镜停下来，停在五十光年之外的某个地方，我的一生就会依次重现，五十年的历史便将从头上演。

真是神奇。很可能，生和死都不过取决于观察，取决于观察的远与近。比如，当一颗距离我们数十万光年的星星实际早已熄灭，它却正在我们的视野里度着它的青年时光。

时间限制了我们，习惯限制了我们，谣言般的舆论让我们陷于实际，让我们在白昼的魔法中闭目塞听不敢妄为。白昼是一种魔法，一种符咒，让僵死的规则畅行无阻，让实际消磨掉神奇。所有的人都在白昼的魔法之下扮演着紧张、呆板的角色，一切言谈举止一切思绪与梦想，都仿佛被预设的程序所圈定。

因而我盼望夜晚，盼望黑夜，盼望寂静中自由的到来。

甚至盼望站到死中，去看生。

我的躯体早已被固定在床上，固定在轮椅中，但我的心魂常在黑夜出行，脱离开残废的躯壳，脱离白昼的魔法，脱离实际，在尘嚣稍息的夜的世界里游逛，听所有的梦者诉说，看所有放弃了尘世角色的游魂在夜的天空和旷野中揭开另一种戏剧。风，四处游走，串联起夜的消息，从沉睡的窗口到沉睡的窗口，去探望被白昼忽略了的心情。另一种世界，蓬蓬勃勃，夜的声音无比辽阔。是呀，那才是写作啊。至于文学，我说过我跟它好像不大沾边儿，我一心向往的只是这自由的夜行，去到一切心魂的由衷的所在。

◎ **我思我在**

1. 用心阅读文章，找出最能触动你"心魂"的语句，与同学讨论其意蕴。

2. 文章第12段用了一些短句，把"我"眺望的神态和望见的情景写得细腻生动，作者为什么要这样写？谈谈你的理解。

3. 阅读《永在》，结合本文内容，思考作者为什么说"死与你我从不相干"？

专题问道

专题3 人生的况味——现当代散文研习

永 在

史铁生

我一直要活到我能够/坦然赴死,你能够/坦然送我离开,此前/死与你我毫不相干。

此前,死不过是一个谣言/北风呼号,老树被/拦腰折断,是童话中的/情节,或永生的一个瞬间。

我一直要活到我能够/入死而观,你能够/听我在死之言,此后/死与你我毫不相干。

此后,死不过是一次迁徙/永恒复返,现在被/未来替换,是度过中的/音符,或永在的一个回旋

我一直要活到我能够/历数前生,你能够/与我一同笑看,所以/死与你我从不相干

寒 风 吹 彻[①]

刘亮程

> **导读**:刘亮程的散文,语言如诗,处处都充满着感悟人生的智慧。在《寒风吹彻》中,他将透彻骨髓的寒冷尽情渲染,将生活的苦难、亲情的缺失和生命的孤独交织在一起,透露着一种动人力量,引领着我们超越庸碌的世俗生活,寻求生命中久违的朗照。

雪落在那些年雪落过的地方,我已经不注意它们了。比落雪更重要的事情开始降临到生活中。三十岁的我,似乎对这个冬天的来临漠不关心,却又好像一直在倾听落雪的声音,期待着又一场雪悄无声息地覆盖村庄和田野。

[①] 选自《我改变的事物》(长江文艺出版社2015年版)。刘亮程(1962—),当代小说家、散文家。1962年生于新疆沙湾县的一个小村庄,种过地,当过乡农机管理员,他所写的文字大都以自己生活过的乡村为载体。著有散文集《一个人的村庄》《风中的院门》《遥远的村庄》,长篇小说《虚土》《凿空》等。

我静坐在屋子里,火炉上烤着几片馍馍,一小碟咸菜放在炉旁的木凳上,屋里光线暗淡。许久以后我还记起我在这样的一个雪天,围抱火炉,吃咸菜啃馍馍想着一些人和事情,想得深远而入神。柴火在炉中啪啪地燃烧着,炉火通红,我的手和脸都烤得发烫了,脊背却依旧凉飕飕的。寒风正从我看不见的一道门缝吹进来。冬天又一次来到村里,来到我的家。我把怕冻的东西一一搬进屋子,糊好窗户,挂上去年冬天的棉门帘,寒风还是进来了。它比我更熟悉墙上的每一道细微裂缝。

　　就在前一天,我似乎已经预感到大雪来临。我劈好足够烧半个月的柴火,整齐地码在窗台下。把院子扫得干干净净,无意中像在迎接一位久违的贵宾——把生活中的一些事情扫到一边,腾出干净的一片地方来让雪落下。下午我还走出村子,到田野里转了一圈。我没顾上割回来的一地葵花秆,将在大雪中站一个冬天。每年下雪之前,都会发现有一两件顾不上干完的事而被搁一个冬天。冬天,有多少人放下一年的事情,像我一样用自己那只冰手,从头到尾地抚摸自己的一生。

　　屋子里更暗了,我看不见雪。但我知道雪在落,漫天地落。落在房顶和柴垛上,落在扫干净的院子里,落在远远近近的路上。我要等雪落定了再出去。我再不像以往,每逢第一场雪,都会怀着莫名的兴奋,站在屋檐下观看好一阵,或光着头钻进大雪中,好像有意要让雪知道世上有我这样一个人,却不知道寒冷早已盯住了自己活蹦乱跳的年轻生命。

　　经过许多个冬天之后,我才渐渐明白自己再躲不过雪,无论我蜷缩在屋子里,还是远在冬天的另一个地方,纷纷扬扬的雪,都会落在我正经历的一段岁月里。当一个人的岁月像荒野一样敞开时,他便再无法照管好自己。

　　就像现在,我紧围着火炉,努力想烤热自己。我的一根骨头,却露在屋外的寒风中,隐隐作痛。那是我多年前冻坏的一根骨头,我再不能像捡一根牛骨头一样,把它捡回到火炉旁烤热。它永远地冻坏在那段天亮前的雪路上了。

　　那个冬天我十四岁,赶着牛车去沙漠里拉柴火。那时一村人都是靠长在沙漠里的一种叫梭梭的灌木取暖过冬。因为不断砍挖,有柴火的地方越来越远。往往要用一天半夜时间才能拉回一车柴火。每次去拉柴火,都是母亲半夜起来做好饭,装好水和馍馍,然后叫醒我。有时父亲也会起来帮我套好车。我对寒冷的认识是从那些夜晚开始的。

专 题 问 道

专题 3　人生的况味——现当代散文研习

　　牛车一走出村子,寒冷便从四面八方拥围而来,把你从家里带出的那点温暖搜刮得一干二净,让你浑身上下只剩下寒冷。

　　那个夜晚并不比其他夜晚更冷。

　　只是我一个人赶着牛车进沙漠。以往牛车一出村,就会听到远远近近的雪路上其他牛车的走动声,赶车人隐约的吆喝声。只要紧赶一阵路,便会追上一辆或好几辆去拉柴的牛车,一长串,缓行在铅灰色的冬夜里。那种夜晚天再冷也不觉得。因为寒风在吹好几个人,同村的、邻村的、认识和不认识的好几驾牛车在这条夜路上抵挡着寒冷。

　　而这次,一夜的寒风吹着我一个人。似乎寒冷把其他一切都收拾掉了,现在全部地对付我。

　　我披着羊皮大衣,一动不动地趴在牛车里,不敢大声吆喝牛,免得让更多的寒冷发现我。从那个夜晚我懂得了隐藏温暖——在凛冽的寒风中,身体中那点温暖正一步步退守到一个隐秘的连我自己都难以找到的深远处——我把这点隐深的温暖节俭地用于此后多年的爱情和生活。我的亲人们说我是个很冷的人,不是的,我把仅有的温暖全给了你们。

　　许多年后有一股寒风,从我自以为火热温暖的从未被寒冷浸入的内心深处阵阵袭来时,我才发现穿再厚的棉衣也没用了。生命本身有一个冬天,它已经来临。

　　天亮后,牛车终于到达有柴火的地方。我的一条腿却被冻僵了,失去了感觉。我试探着用另一条腿跳下车,挂着一根柴火棒活动了一阵,又点了一堆火烤了一会儿,勉强可以行走了,腿上的一块骨头却生疼起来,是我从未体验过的一种疼,像一根根针刺在骨头上又狠命往骨髓里钻——这种疼感一直延续到以后所有的冬天以及夏季里阴冷的日子。

　　太阳落地时,我装着半车柴火回到家里,父亲一见就问我:怎么拉了这点柴,不够两天烧的。我没吭声,也没向家里说腿冻坏的事。

　　我想很快会暖和过来。

　　那个冬天要是稍短些,家里的火炉要是稍旺些,我要是稍把这条腿当回事些,或许我能暖和过来。可是现在不行了。隔着多少个季节,今夜的我,围抱火炉,再也暖不热那个遥远冬天的我,那个在上学路上不慎掉进冰窟窿,浑身是冰往回跑的我,那个跺着冻僵的双脚,捂着耳朵在一扇门外焦急等待的我……我再不能把他们唤回到这个温暖的火炉旁。我准备了许多柴火,是准备给这个冬天的。我才三十岁,肯定能走过冬天。

但在我周围,肯定有个别人不能像我一样度过冬天。他们被留住了。冬天总是一年一年地弄冷一个人,先是一条腿、一块骨头、一副表情、一种心境……尔后整个人生。

我曾在一个寒冷的早晨,把一个浑身结满冰霜的路人让进屋子,给他倒了一杯热茶。那是个上了年纪的人,身上带着许多个冬天的寒冷,当他坐在我的火炉旁时,炉火须臾间变得苍白。我没有问他的名字,在火炉的另一边,我感觉到迎面逼来的一个老人的透骨寒气。

他一句话不说。我想他的话肯定全冻硬了,得过一阵才能化开。

大约坐了半个时辰,他站起来,朝我点了一下头,开门走了。我以为他暖和过来了。

第二天下午,听人说村西边冻死了一个人。我跑过去,看见这个上了年纪的人躺在路边,半边脸埋在雪中。

我第一次看到一个人被冻死。

我不敢相信他已经死了。他的生命中肯定还深藏着一点温暖,只是我们看不见。一个人最后的微弱挣扎我们看不见,呼唤和呻吟我们听不见。

我们认为他死了。彻底地冻僵了。

他的身上怎么能留住一点点温暖呢。靠什么去留住。他的烂了几个洞、棉花露在外面的旧棉衣?底磨得快通、一边帮已经脱落的那双鞋?还有他的比多少个冬天加起来还要寒冷的心境……

落在一个人一生中的雪,我们不能全部看见。每个人都在自己的生命中,孤独地过冬。我们帮不了谁。我的一小炉火,对这个贫寒一生的人来说,显然微不足道。他的寒冷太巨大。

我有一个姑妈,住在河那边的村庄里,许多年前的那些个冬天,我们兄弟几个常手牵手走过封冻的玛河去看望她。每次临别前,姑妈总要说一句:天热了让你妈过来喧喧。

姑妈年老多病,她总担心自己过不了冬天。天一冷她便足不出户,偎在一间矮土屋里,抱着火炉,等待春天来临。

一个人老的时候,是那么渴望春天来临。尽管春天来了她没有一片要抽芽的叶子,没有半瓣要开放的花朵。春天只是来到大地上,来到别人的生命中。但她还是渴望春天，她害怕寒冷。

我一直没有忘记姑妈的这句话，也不止一次地把它转告给母亲。母亲只是望望我，又忙着做她的活。母亲不是一个人在过冬，她有五六个没长大的孩子，她要拉扯着他们度过冬天，不让一个孩子受冷。她和姑妈一样期盼着春天。

……天热了，母亲会带着我们，蹚过河，到对岸的村子里看望姑妈。姑妈也会走出蜗居一冬的土屋，在院子里晒着暖暖的太阳和我们说说笑笑……多少年过去了，我们一直没有等到这个春天。好像姑妈那句话中的"天"一直没有热。

姑妈死在几年后的一个冬天。我回家过年，记得是大年初四，我陪着母亲沿一条即将解冻的马路往回走。母亲在那段路上告诉我姑妈去世的事。她说："你姑妈死掉了。"

母亲说得那么平淡，像在说一件跟死亡无关的事情。

"怎么死的？"我似乎问得更平淡。

母亲没有直接回答我。她只是说："你大哥和你弟弟过去帮助料理了后事。"

此后的好一阵，我们再没说这事，只顾静静地走路。快到家门口时，母亲说了句：天热了。

我抬头看了看母亲，她的身上正冒着热气，或许是走路的缘故，不过天气真的转热了。对母亲来说，这个冬天已经过去了。

"天热了过来喧喧。"我又想起姑妈的这句话。这个春天再不属于姑妈了。她熬过了许多个冬天还是被这个冬天留住了。我想起爷爷奶奶也是分别死在几年前的冬天。母亲还活着。我们在世上的亲人会越来越少。我告诉自己，不管天冷天热，我们都常过来和母亲坐坐。

母亲拉扯大她的七个儿女。她老了。我们长高长大的七个儿女，或许能为母亲挡住一丝的寒冷。每当儿女们回到家里，母亲都会特别高兴，家里也顿时平添热闹的气氛。

但母亲斑白的双鬓分明让我感到她一个人的冬天已经来临，那些雪开始不退、冰霜开始不融化——无论春天来了，还是儿女们的孝心和温暖备至。

随着三十年的人生距离，我感受着母亲独自在冬天的透心寒冷。我无能为力。

雪越下越大。天彻底黑透了。

我围抱着火炉,烤热漫长一生的一个时刻。我知道这一时刻之外,我其余的岁月,我的亲人们的岁月,远在屋外的大雪中,被寒风吹彻。

◎ **我思我在**

1. 阅读下面的句子,细心揣摩其中的内涵。

(1) 冬天,有多少人放下一年的事情,像我一样用自己那只冰手,从头到尾地抚摸自己的一生。

(2) 落在一个人一生中的雪,我们不能全部看见。每个人都在自己的生命中,孤独地过冬。

2. 自然的寒风、生命的寒风、人性的寒风相互交织,给人带来了巨大的苦难。但作者却说,"寒风吹彻中,我们还有春天的梦",请你找出刘亮程所说的"春天的梦"。

3. 也许我们一生都不会经历作者的苦难,但不等于说我们的身边没有苦难,比如孤寡老人、留守儿童、流浪者等。请关注这些弱势群体,记录下他们的生活,写出你的感受。

※ **实践笃行**

烛 光 读 吧

——追思"轮椅上的舞者"史铁生

情境创设

学完了本单元《轻轻地走与轻轻地来》之后,很多同学对史铁生产生了浓厚的兴趣。高一(4)班决定把本月"烛光读吧"的主题确定为——追思"轮椅上的舞者"史铁生,以此缅怀史铁生先生。他们期待实现以下目标:

1. 了解史铁生的故事,搜集名人名家对史铁生的评价,走进其丰富的精神世界。

2. 进一步理解史铁生质朴无华的文字背后对生命意义的思考。

3. 体悟史铁生作品中蕴含的人格魅力,获得人生的启迪。

专题问道

专题3　人生的况味——现当代散文研习

活动准备

选拔主持人1名;成立3—4个活动小组;各小组搜集最能体现史铁生"乐观向上"精神的图片,整理名人名家对史铁生的评价,写出感想;阅读史铁生的散文,摘抄10句喜欢的句子,分别准备一段推介词;制作PPT,安排好各个活动环节的发言人。

设备组做好舞台布置,以"烛光"为背景,突出"追思'轮椅上的舞者'史铁生"的活动主题;联络组做好活动方案解释和活动动员工作,并邀请相关老师参加活动;文稿组根据活动方案撰写主持稿、整理活动实录,并装订成册;考核组做好活动前、活动中的各项考核工作,活动结束后,督促学生修改解读史铁生作品的文稿并进行考评。

活动过程

环节一　活动开场

主持人:欢迎来到"烛光读吧"!史铁生先生在《轻轻地走与轻轻地来》中曾说,"生命的开端最是玄妙,完全的无中生有",他又说,"我正在轻轻地走,灵魂正在离开这个残损不堪的躯壳,一步步告别着这个世界","甚至盼望站到死中,去看生",他还说,"我一心向往的只是这自由的夜行,去到一切心魂的由衷的所在"。每次读到这几段话,我们总是会被这些文字吸引,会被文字背后的哲理打动。哲理似乎是神秘而深奥的,但它其实就在我们身边。史铁生先生在平实的叙述中向我们讲述着人生的故事,阐释着生命的意义。

今天,"烛光读吧"的主题是"追思'轮椅上的舞者'史铁生"。在点点烛光的陪伴下,我们可以讲述史铁生的故事,可以吟诵史铁生散文的经典片段,可以向大家推介史铁生的文章,还可以谈谈自己对史铁生的评价……让我们追寻着史铁生先生的文学足迹,走进他的精神世界,体悟他苍凉而又壮美的人生。

环节二　看图言心声

播放PPT:

史铁生(1951—2010),中国作家、散文家。1951年出生于北京。1967年毕业于清华大学附属中学,1969年去延安一带插队。因双腿瘫痪于1972年回到北京。后来又患肾

病并发展到尿毒症,靠每周3次透析维持生命。后历任中国作家协会全国委员会委员,北京作家协会副主席,中国残疾人联合会副主席。自称职业是生病,业余在写作。2010年12月31日凌晨3时46分,因突发脑溢血逝世,享年59岁。

主持人:59年里,他忍受着常人无法承受的痛苦,但他用微笑与智慧谱写了一段最绚丽的人生。请看图片——史铁生微笑着,笑容是那么灿烂,也是那么坚定。他曾说:"微笑着,去唱生活的歌谣。不要抱怨生活给予太多磨难,不必抱怨生命中有太多曲折。"

图片用无声的语言告诉我们一个真实的史铁生,各小组已经精心选择了一些图片,并制作成了PPT,下面让我们看图片,谈心声。

各小组展示PPT,结合史铁生的图片,配乐谈自己的感悟。

环节三 朗读寄情思

主持人:史铁生用他丰硕的创作成果,给我们留下了很多精神财富。《我的遥远的清平湾》《我与地坛》《务虚笔记》《病隙碎笔》《我的丁一之旅》……这些书里的文字,这些文字背后的思考,使年少轻狂而又有些彷徨的我们静下心来,从中汲取智慧和思想的营养,学会面对自我,面对人生。接下来,让我们有感情地朗读下面三个片段(PPT展示):

但是太阳,他每时每刻都是夕阳也都是旭日。当他熄灭着走下山去收尽苍凉残照之际,正是他在另一面燃烧着爬上山巅布散烈烈朝晖之时。

——史铁生《我与地坛》

生命的意义本不在向外的寻取,而在向内的建立。那意义本非与生俱来,生理的人无缘与之相遇。那意义由精神所提出,也由精神去实现,那便是神性对人性的要求。这要求之下,曾消散于宇宙之无边的生命意义重又聚拢起来,迷失于命运之无常的生命意义重又聪慧起来,受困于人之残缺的生命意义终于看见了路。

——史铁生《病隙碎笔》

专题问道

专题3 人生的况味——现当代散文研习

我曾走过山,走过水,其实只是借助它们走过我的生命;我看着天,看着地,其实只是借助它们确定我的位置;我爱着他,爱着你,其实只是借助别人实现了我的爱欲。

——史铁生《务虚笔记》

请各小组推荐两名同学,组成"朗读者"团队,朗读小组成员摘抄的精美而又富有哲思的句子,每小组5—8句。

环节四 解读与推介

主持人:他用残缺的身体书写了最为健全、最有内涵的生命意义,他用睿智的言语表达生存的价值,他用苦难的生命照亮我们时而阴郁的内心,让我们也能在逆境中继续前行。各小组在所读过的史铁生的作品中,精心选择了一些佳句,并对这些句子进行了解读,请各小组向大家推介佳句,并请在座老师做好点评的准备。

示例:

我向大家推介:"这古园仿佛就是为了等我而历尽沧桑,在那儿等待了四百多年。"

这句话出自史铁生先生的《我与地坛》,我觉得这句话赋予了地坛以人的情感,在作者的心中,他与地坛是有缘分的,古园和他是息息相通的,古园能够感受他的痛苦,理解他的情感,并给他以生命的启示。我们完全可以说,自他残疾以后再来到这里,古园就成了他生命的一部分。荒园的破败烘托了落魄颓唐的精神状态和悲苦的命运,野草荒藤的茂盛与自在坦荡却让他感受到了万物盛衰皆自然,让他明白了"死是一种不必急于求成的事,死是一个必然会降临的节日"。

环节五 表达敬仰情

主持人:无数的大师名家都毫不吝啬地表达了对史铁生的敬仰(PPT展示):

我对史铁生满怀敬仰之情,因为他不但是一个杰出的作家,更是一个伟大的人。

——莫言

(史铁生的)价值归结为一句话就是:他是中国当代最有灵魂的作家。

——周国平

他的作品是这个时代最纯粹的精神财富。

——李星

他的想法和文字明净,不曾神神鬼鬼牵丝攀藤。他的手总是温暖的,宽厚的。他是能超越智和愚的。他不作状,而是常常省察自己的内心。他把自己看轻了,才能去爱自己,爱世界。

——陈村

前两天,大家也查找了一些名家评语,并且写了自己的点评。请你读一读,以此缅怀史铁生先生。

主持人:有人说史铁生是"坐在轮椅上的哲人",有人说他是"精神上的钢铁汉",更有人说他"在当代作家中是哲学素养最高的"。的确,史铁生先生的语言里饱含着对自我经历的透析,充满了对生命的追寻和思考。他在与众不同的生活中参悟到了生命的价值,他用亲切而又不失凝重的文字展现了个性的光彩和理性的光辉,在成就当代散文独特风景的同时,也寻觅到了活着的终极意义。让我们记住史铁生灿烂的微笑,记住史铁生温暖的文字,记住这位感动了一代人的"轮椅上的舞者"。

最后,让我们按照"烛光读吧"的传统,共同朗读史铁生先生的诗歌《最后的练习》。

活动自检

活动阶段	活动细目	分值	自评
活动准备	① 参与"烛光读吧"场地布置	5分	
	② 阅读史铁生的文章,摘抄富有哲思的句子	30分	
活动过程	① PPT制作精良,感悟真切、深刻	10分	
	② 朗读有情感、有节奏	10分	
	③ 推介词优美凝练、感染力强	10分	
	④ 点评语有自己的见解	10分	
活动结束	① 修改与完善解读史铁生作品的文字	20分	
	② 文稿组整理本次活动过程,写出活动实录,并装订成册	5分	

专题 4

杨树的倒影
—— 现当代小说研习

学习目标

1. 学会从人物形象、结构模式、叙事技巧等方面入手,欣赏现当代小说。
2. 在比较中,掌握欣赏不同时代、不同流派、不同风格小说的方法。
3. 充分感受虚构的魅力,并在小说的阅读中增长人生智慧,丰富审美体验。
4. 把握中国现当代小说的发展脉络,形成对中国现当代小说的整体印象。

学习建议

"五四"以后的中国小说虽然只有百年历史,但它的发展非同寻常,涌现出了许多优秀的作家作品,形成了几个有着相当规模的小说流派,篇幅浩繁,变化巨大,成就冠于其他文学体裁。

小说是一个敞开的世界,我们在欣赏小说时要从作品的主题、人物形象、艺术手法等角度着手,更要充分调动自己的人生经验与作品对话。用自己的创造性阅读,填补作家叙述中有意或无意留下的空白。现当代小说相较于传统小说而言,对于我们的智慧和耐心都提出了更高的要求,抱着消遣的态度很难从小说阅读中获益。

学习本专题,要做到以下几点:

1. **感受典型形象。**人物是小说的核心,把握人物形象才能理解小说的思想和艺术价值。通过外貌、语言、动作、心理描写,尤其是细节描写,来掌握人物形象的鲜明个性。如《边城》中翠翠这个13岁少女的形象。

2. **把握情节线索。**小说中的人物形象,一般是通过情节展开逐步刻画出来的。优秀的小说,总是以特定的故事情节服务于塑造典型人物。抓住小说中矛盾冲突的发展变化,把握情节的起伏与变化。如节选的《围城》这场宴会中的人物冲突的发展过程。

3. 分析环境描写。小说中的自然环境和社会环境是人物活动的空间,也是其性格形成的背景。透过当事人的言行,分析社会环境的特点,把握特定社会的思想观念,进而促进对人物形象及其意义的深入理解。如《褐色鸟群》。

4. 品味语言特色。现当代小说流派众多,是其发展成熟的标志。而小说最能体现作者风格的便是语言。关注小说中的词语、句式、修辞和语法特征,鉴赏不同小说流派和作家的创作特色。如张爱玲小说的语言大俗大雅,色彩对照,充满了悲剧色彩;钱锺书小说的语言风格诙谐幽默。

※ 含英咀华

边　城①

沈从文

> **导读**:沈从文用小说构造他心中的"湘西世界"。他以"乡下人"的主体视角审视当时城乡对峙的现状,批判中国在进入现代文明的过程中所显露出来的丑陋,这种与新文学主将们相悖的观念,大大丰富了现代小说的表现范围。1934年完成的《边城》,是这类"牧歌"式小说的代表,也是沈从文小说创作的一个高峰。

由四川过湖南去,靠东有一条官路。这官路将近湘西边境到了一个地方名为"茶峒"的小山城时,有一小溪,溪边有座白色小塔,塔下住了一户单独的人家。这人家只一个老人,一个女孩子,一只黄狗。

小溪流下去,绕山岨流,约三里便汇入茶峒大河。人若过溪越小山走去,则只一里路

---

① 节选自《边城》(时代文艺出版社2000年版)。沈从文(1902—1988),原名沈岳焕,湖南凤凰人,现代作家、历史文物研究者。主要作品有小说《边城》《长河》,散文集《湘行散记》,论著《中国古代服饰研究》等。

专题问道

专题4 杨树的倒影——现当代小说研习

就到了茶峒城边。溪流如弓背,山路如弓弦,故远近有了小小差异。小溪宽约廿丈,河床为大片石头作成。静静的河水即或深到一篙不能落底,却依然清澈透明,河中游鱼来去皆可以计数。小溪既为川湘来往孔道,限于财力不能搭桥,就安排了一只方头渡船。这渡船一次连人带马,约可以载二十位搭客过河,人数多时则反复来去。渡船头竖了一枝小小竹竿,挂着一个可以活动的铁环,溪岸两端水面横牵了一段废缆,有人过渡时,把铁环挂在废缆上,船上人就引手攀缘那条缆索,慢慢的牵船过对岸去。船将拢岸时,管理这渡船的,一面口中嚷着"慢点慢点",自己霍的跃上了岸,拉着铁环,于是人货牛马全上了岸,翻过小山不见了。渡头为公家所有,故过渡人不必出钱。有人心中不安,抓了一把钱掷到船板上时,管渡船的必为一一拾起,依然塞到那人手心里去,俨然吵嘴时的认真神气:"我有了口粮,三斗米,七百钱,够了。谁要这个!"

但不成,凡事求个心安理得,出气力不受酬谁好意思,不管如何还是有人要把钱的。管船人却情不过,也为了心安起见,便把这些钱托人到茶峒去买茶叶和草烟,将茶峒出产的上等草烟,一扎一扎挂在自己腰带边,过渡的谁需要这东西必慷慨奉赠。有时从神气上估计那远路人对于身边草烟引起了相当的注意时,这弄渡船的便把一小束草烟扎到那人包袱上去,一面说:"大哥,不吸这个吗?这好的,这妙的,看样子不成材,巴掌大叶子,味道蛮好,送人也很合式!"茶叶则在六月里放进大缸里去,用开水泡好,给过路人解渴。

管理这渡船的,就是住在塔下的那个老人。活了七十年,从二十岁起便守在这小溪边,五十年来不知把船来去渡了若干人。年纪虽那么老了,骨头硬硬的,本来应当休息了,但天不许他休息,他仿佛便不能够同这一分生活离开。他从不思索自己职务对于本人的意义,只是静静的很忠实的在那里活下去。代替了天,使他在日头升起时,感到生活的力量,当日头落下时,又不至于思量与日头同时死去的,是那个伴在他身旁的女孩子。他唯一的朋友是一只渡船与一只黄狗,唯一的亲人便只那个女孩子。

女孩子的母亲,老船夫的独生女,十五年前同一个茶峒军人唱歌相熟后,很秘密的背着那忠厚爸爸发生了暧昧关系。有了小孩子后,这屯戍兵士便想约了她一同向下游逃去。但从逃走的行为上看来,一个违悖了军人的责任,一个却必得离开孤独的父亲。经过一番考虑后,屯戍兵见她无远走勇气,自己也不便毁去作军人的名誉,就心想:一同去生既无法聚首,一同去死当无人可以阻拦,首先服了毒。女的却关心腹中的一块肉,不忍心,拿不出主张。事情业已为作渡船夫的父亲知道,父亲却不加上一个有分量的字眼儿,只作为并不听到过这事情一样,仍然把日子很平静的过下去。女儿一面怀了羞惭,一面却怀了怜悯,依旧守在父亲身边。待到腹中小孩生下后,却到溪边故意吃了许多冷水死去了。在一种奇迹中,这遗孤居然已长大成人,一转眼间便十三岁了。为了住处两山多篁竹,翠色逼人而来,老船夫随便给这个可怜的孤雏拾取了一个近身的名字,叫作"翠翠"。

翠翠在风日里长养着,故把皮肤变得黑黑的,触目为青山绿水,故眸子清明如水晶。自然既长养她且教育她,为人天真活泼,处处俨然如一只小兽物。人又那么乖,如山头黄麂一样,从不想到残忍事情,从不发愁,从不动气。平时在渡船上遇陌生人对她有所注意时,便把光光的眼睛瞅着那陌生人,作成随时皆可举步逃入深山的神气,但明白了面前的人无机心后,就又从从容容的在水边玩耍了。

老船夫不论晴雨,必守在船头。有人过渡时,便略弯着腰,两手缘引了竹缆,把船横渡过小溪。有时疲倦了,躺在临溪大石上睡着了,人在隔岸招手喊过渡,翠翠不让祖父起身,就跳下船去,很敏捷的替祖父把路人渡过溪,一切皆溜刷在行,从不误事。有时又与祖父黄狗一同在船上,过渡时和祖父一同动手牵缆索。船将近岸边,祖父正向客人招呼:"慢点,慢点"时,那只黄狗便口衔绳子,最先一跃而上,且俨然懂得如何方为尽职似的,把船绳紧衔着拖船拢岸。

风日清和的天气,无人过渡,镇日长闲,祖父同翠翠便坐在门前大岩石上晒太阳。或把一段木头从高处向水中抛去,嗾使身边黄狗从岩石高处跃下,把木头衔回来。或翠翠与黄狗皆张着耳朵,听祖父说些城中多年以前的战争故事。或祖父同翠翠两人,各把小竹作成的竖笛,逗在嘴边吹着迎亲送女的曲子。过渡人来了,老船夫放下了竹管,独自跟到船边去,横溪渡人,在岩上的一个,见船开动时,于是锐声喊着:

"爷爷,爷爷,你听我吹——你唱!"

爷爷到溪中央便很快乐的唱起来,哑哑的声音同竹管声,振荡在寂静空气里,溪中仿佛也热闹了一些。实则歌声的来复,反而使一切更寂静。

有时过渡的是从川东过茶峒的小牛,是羊群,是新娘子的花轿,翠翠必争着作渡船夫,站在船头,懒懒的攀引缆索,让船缓缓的过去。牛羊花轿上岸后,翠翠必跟着走,送队

专题问道

专题4 杨树的倒影——现当代小说研习

伍上山,站到小山头,目送这些东西走去很远了,方回转船上,把船牵靠近家的岸边。且独自低低的学小羊叫着,学母牛叫着,或采一把野花缚在头上,独自装扮新娘子。

茶峒山城只隔渡头一里路,买油买盐时,逢年过节祖父得喝一杯酒时,祖父不上城,黄狗就伴同翠翠入城里去备办东西。到了卖杂货的铺子里,有大把的粉条,大缸的白糖,有炮仗,有红蜡烛,莫不给翠翠一种很深的印象,回到祖父身边,总把这些东西说个半天。那里河边还有许多船,比起渡船来全大得多,有趣味得多,翠翠也不容易忘记。

◎ **我思我在**

1. 作者用散文化笔调,创设了一幅世外桃源般的边城图景。请用波浪线画出文中关于渡口的环境描写,并结合想象,描绘一下自己心中的碧溪岨风光。

2. 节选部分是整部小说的开头,写的是爷爷和翠翠两个主要人物的出场。在你眼中,翠翠、爷爷是什么样的人?

3. 课外阅读《边城》全文,思考在没有恶人的故事里,为什么会产生翠翠式的爱情悲剧。

围 城[①]

钱锺书

> **导读**:《围城》是中国现代文学史上一部风格独特的讽刺小说,被誉为"新《儒林外史》"。小说所写的故事,发生于20世纪20—40年代,主要描写的是抗战初期知识分子的群像。《围城》最值得称道的是它的智慧,它里头藏着钱锺书的机锋、窥探人事之后的精辟见解,以及对荒诞世界的"刻薄"揭示。

---

① 节选自《围城》(人民文学出版社2012年版)。钱锺书(1910—1998),字默存,江苏无锡人,现代作家、文学研究家。代表作品有长篇小说《围城》,散文集《写在人生边上》,学术著作《管锥编》《谈艺录》等。

百年歌阅
中国现当代作家作品研习

　　方鸿渐见董斜川像尊人物，又听赵辛楣说是名父之子，不胜倾倒，说："老太爷沂孙先生的诗，海内闻名。董先生不愧家学渊源，更难得是文武全才。"他自以为这算得恭维周到了。

　　董斜川道："我做的诗，路数跟家严不同。家严年轻时候的诗取径没有我现在这样高。他到如今还不脱黄仲则、龚定盦那些乾嘉人习气，我一开笔就做的同光体。"

　　方鸿渐不敢开口。赵辛楣向跑堂要了昨天开的菜单，予以最后审查。董斜川也向跑堂的要了一支秃笔，一方砚台，把茶几上的票子飞快的书写着，方鸿渐心里诧异。褚慎明危坐不说话，像内视着潜意识深处的趣事而微笑，比了他那神秘的笑容，蒙娜丽萨（Mona Lisa）的笑算不得什么一回事。鸿渐攀谈道："褚先生最近研究些什么哲学问题？"

　　褚慎明神色慌张，瞥了鸿渐一眼，别转头叫赵辛楣道："老赵，苏小姐该来了。我这样等女人，生平是破例。"

　　辛楣把菜单给跑堂，回头正要答应，看见董斜川在写，忙说："斜川，你在干什么？"

　　董斜川头都不抬道："我在写诗。"

　　辛楣释然道："快多写几首，我虽不懂诗，最爱看你的诗。我那位朋友苏小姐，新诗做得非常好，对旧诗也很能欣赏。回头把你的诗给她看。"

　　斜川停笔，手指拍着前额，像追思什么句子，又继续写，一面说："新诗跟旧诗不能比！我那年在庐山跟我们那位老世伯陈散原先生聊天，偶尔谈起白话诗，老头子居然看过一两首新诗。他说还算徐志摩的诗有点意思，可是只相当于明初杨基那些人的境界，太可怜了。女人做诗，至多是第二流，鸟里面能唱的都是雄的，譬如鸡。"

　　辛楣大不服道："为什么外国人提起夜莺，总说它是雌的？"

　　褚慎明对雌雄性别，最有研究，冷冷道："夜莺雌的不会唱，会唱的是雄夜莺。"

　　说着，苏小姐来了。辛楣利用主人职权，当鸿渐的面向她专利地献殷勤。斜川一拉手后，正眼不瞧她，因为他承受老派名士对女人的态度；或者谑浪玩弄，这是对妓女的风流；或者眼观鼻，鼻观心，不敢平视，这是对朋友内眷的礼貌。褚哲学家害馋痨地看着苏小姐，大眼珠仿佛哲学家谢林的"绝对观念"，像"手枪里弹出的子药"，险的突破眼眶，迸碎眼镜。辛楣道："今天本来也请董太太，董先生说她有事不能来。董太太是美人，一笔

专题问道

专题4 杨树的倒影——现当代小说研习

好中国画,跟我们这位斜川兄真是珠联璧合。"

斜川客观地批判说:"内人长得相当漂亮,画也颇有家法。她画的《斜阳萧寺图》,在很多老辈的诗集里见得到题咏。她跟我逛龙树寺,回家就画这个手卷,我老太爷题两首七绝,有两句最好:'贞元朝士今谁在,无限僧寮旧夕阳!'的确,老辈一天少似一天,人才好像每况愈下,'不须上溯康乾世,回首同光已惘然!'"说时摇头慨叹。

方鸿渐闻所未闻,甚感兴味,只奇怪这样一个英年洋派的人,何以口气活像遗少,也许是学同光体诗的缘故。

……

辛楣又骄又妒道:"文纨,不要告诉他。"

苏小姐为自己的嗜好抱歉道:"我在外国想吃广东鸭肫肝,不容易买到。去年回来,大哥买了给我吃,咬得我两太阳酸痛了好几天。你又要来引诱我了。"

鸿渐道:"外国菜里从来没有鸡鸭肫肝,我在伦敦看见成箱的鸡鸭肫肝贱得一钱不值,人家买了给猫吃。"

辛楣道:"英国人吃东西远比不上美国人花色多。不过,外国人的吃胆总是太小,不敢冒险,不像我们中国人什么肉都敢吃。并且他们的烧菜原则是'调',我们是'烹',所以他们的汤菜尤其不够味道。他们白煮鸡,烧了一滚,把汤丢了,只吃鸡肉,真是笑话。"

鸿渐道:"这还不算冤呢!茶叶初到外国,那些外国人常把整磅的茶叶放在一锅子水里,到水烧开,泼了水,加上胡椒和盐,专吃那叶子。"

大家都笑。斜川道:"这跟樊樊山把鸡汤来沏龙井茶的笑话相同。我们这老世伯光绪初年做京官的时候,有人外国回来送给他一罐咖啡,他以为是鼻烟,把鼻孔里的皮都擦破了。他集子里有首诗讲这件事。"

鸿渐道:"董先生不愧系出名门!今天听到不少掌故。"

慎明把夹鼻眼镜按一下,咳声嗽,说:"方先生,你那时候问我什么一句话?"

鸿渐糊涂道:"什么时候?"

"苏小姐还没来的时候,"——鸿渐记不起——"你好像问我研究什么哲学问题,对不对?"对这个照例的问题,褚慎明有个刻板的回答,那时候因为苏小姐还没来,所以他留到现在表演。

"对,对。"

"这句话严格分析起来,有点毛病。哲学家碰见问题,第一步研究问题:这成不成问题,不成问题的是假问题 pseudoquestion,不用解决,也不可解决。假使成问题呢,第二步研究解决:相传的解决正确不正确,要不要修正。你的意思恐怕不是问我研究什么问题,而是问我研究什么问题的解决。"

方鸿渐惊奇,董斜川厌倦,苏小姐迷惑,赵辛楣大声道:"妙,妙,分析得真精细,了不得!了不得!鸿渐兄,你虽然研究哲学,今天也甘拜下风了,听了这样好的议论,大家得干一杯。"

鸿渐经不起辛楣苦劝,勉强喝了两口,说:"辛楣兄,我只在哲学系混了一年,看了几本指定参考书。在褚先生前面只能虚心领教做学生。"

褚慎明道:"岂敢,岂敢!听方先生的话好像把一个个哲学家为单位,来看他们的著作。这只算研究哲学家,至多是研究哲学史,算不得研究哲学。充乎其量,不过做个哲学教授,不能成为哲学家。我喜欢用自己的头脑,不喜欢用人家的头脑来思想。科学文学的书我都看,可是非万不得已决不看哲学书。现在许多号称哲学家的人,并非真研究哲学,只研究些哲学上的人物文献。严格讲起来,他们不该叫哲学家 philosophers,该叫'哲学家学家'philophilosophers。"

鸿渐说:"philophilosophers 这个字很妙,是不是先生用自己头脑想出来的?"

"这个字是有人在什么书上看见了告诉 Bertie,Bertie 告诉我的。"

"谁是 Bertie?"

"就是罗素了。"

世界有名的哲学家,新袭勋爵,而褚慎明跟他亲狎得叫他乳名,连董斜川都羡服了,便说:"你跟罗素很熟?"

"还够得上朋友,承他瞧得起,请我帮他解答许多问题。"天知道褚慎明并没吹牛,罗素确问过他什么时候到英国、有什么计划、茶里要搁几块糖这一类非他自己不能解决的问题——"方先生,你对数理逻辑用过功没有?"

"我知道这东西太难了,从没学过。"

专题问道

专题 4　杨树的倒影——现当代小说研习

"这话有语病,你没学过,怎会'知道'它难呢？你的意思是:'听说这东西太难了。'"

辛楣正要说"鸿渐兄输了,罚一杯",苏小姐为鸿渐不服气道:"褚先生可真精明厉害哪！吓得我口都不敢开了。"

慎明说:"不开口没有用,心里的思想照样的混乱不合逻辑,这病根还没有去掉。"

苏小姐噘嘴道:"你太可怕了！我们心里的自由你都要剥夺了。我瞧你就没本领钻到人心里去。"

褚慎明有生以来,美貌少女跟他讲"心",今天是第一次。他非常激动,夹鼻眼镜泼刺一声直掉在牛奶杯子里,溅得衣服上桌布上都是奶,苏小姐胳膊上也沾润了几滴。大家忍不住笑。赵辛楣撤电铃叫跑堂来收拾。苏小姐不敢皱眉,轻快地拿手帕抹去手臂上的飞沫。褚慎明红着脸,把眼镜擦干,幸而没破,可是他不肯就戴上,怕看清了大家脸上逗留的余笑。

董斜川道:"好,好,虽然'马前泼水',居然'破镜重圆',慎明兄将来的婚姻一定离合悲欢,大有可观。"

辛楣道:"大家干一杯,预敬我们大哲学家未来的好太太。方先生,半杯也喝半杯。"——辛楣不知道大哲学家从来没娶过好太太,苏格拉底的太太就是泼妇,褚慎明的好朋友罗素也离了好几次婚。

鸿渐果然说道:"希望褚先生别像罗素那样的三四次闹离婚。"

慎明板着脸道:"这就是你所学的哲学！"苏小姐道:"鸿渐,我看你醉了,眼睛都红了。"斜川笑得前仰后合。辛楣嚷道:"岂有此理！说这种话非罚一杯不可！"本来敬一杯,鸿渐只需要喝一两口,现在罚一杯,鸿渐自知理屈,挨了下去,渐渐觉得另有一个自己离开了身子在说话。

慎明道:"关于 Bertie 结婚离婚的事,我也和他谈过。他引一句英国古话,说结婚仿佛金漆的鸟笼,笼子外面的鸟想住进去,笼内的鸟想飞出来;所以结而离,离而结,没有了局。"

苏小姐道:"法国也有这么一句话。不过,不说是鸟笼,说是被围困的城堡 fortresse assiégée,城外的人想冲进去,城里的人想逃出来。鸿渐,是不是？"鸿渐摇头表示不知道。

辛楣道："这不用问,你还会错么!"

慎明道："不管它鸟笼罢,围城罢,像我这种一切超脱的人是不怕围困的。"

◎ 我思我在

1. 从这场宴会中,可看出方鸿渐、苏文纨、赵辛楣是什么关系?你猜测赵辛楣安排董斜川、褚慎明这两人赴宴有什么用意?

2. 品读下面的句子,分析褚慎明这一人物的性格。

(1) 褚哲学家害馋痨地看着苏小姐,大眼珠仿佛哲学家谢林的"绝对观念",像"手枪里弹出的子药",险的突破眼眶,迸碎眼镜。

(2) "这话有语病,你没学过,怎会'知道'它难呢?你的意思是:'听说这东西太难了。'"

3. 文中苏小姐说:"……被围困的城堡,城外的人想冲进去,城里的人想逃出来。"阅读小说全文,谈谈"围城"这一标题有什么样的丰富内涵。

倾 城 之 恋[①]

张爱玲

导读: 张爱玲自称,"我甚至只是写男女之间的小事情,我的作品里没有战争也没有革命,我以为人在恋爱的时候是比在战争或革命的时候更素朴也更放肆的"。《倾城之恋》描写的就是白流苏在离婚后,因为受不了家里人不停给她闲气受,想通过嫁给范柳原改变现状,最终如愿以偿的故事。小说语言独特,有传统小说的韵致,值得细细品味。

[①] 节选自《张爱玲小说》(浙江文艺出版社 2002 年版)。张爱玲(1920—1995),原名张煐,笔名梁京,祖籍河北丰润,生于上海,作家。1943 年开始发表作品,代表作有小说《倾城之恋》《金锁记》《红玫瑰与白玫瑰》和散文《烬余录》等。1969 年以后主要从事古典小说的研究,著有红学论集《红楼梦魇》。

专 题 问 道

专题4　杨树的倒影——现当代小说研习

到了那天,老太太,三爷,三奶奶,四爷,四奶奶自然都是要去的。宝络辗转听到四奶奶的阴谋,心里着实恼着她,执意不肯和四奶奶的两个女儿同时出场,又不好意思说不要她们,便下死劲拖流苏一同去。一部出差汽车黑压压坐了七个人,委实再挤不下了,四奶奶的女儿金枝金蝉便惨遭淘汰。他们是下午五点钟出发的,到晚上十一点方才回家。金枝金蝉哪里放得下心,睡得着觉? 眼睁睁盼着他们回来了,却又是大伙儿哑口无言。宝络沉着脸走到老太太房里,一阵风把所有的插戴全剥了下来,还了老太太,一言不发回房去了。金枝金蝉把四奶奶拖到阳台上,一迭连声追问怎么了。四奶奶怒道:"也没有看见像你们这样的女孩子家,又不是你自己相亲,要你这样热辣辣的!"三奶奶跟了出来,柔声缓气说道:"你这话,别让人家多了心去!"四奶奶索性冲着流苏的房间嚷道:"我就是指桑骂槐,骂了她了,又怎么着? 又不是千年万代没见过男子汉,怎么一闻见生人气,就鬼迷心窍,发了疯了?"金枝金蝉被她骂得摸不着头脑,三奶奶做好做歹稳住了她们的娘,又告诉她们道:"我们先去看电影的。"金枝诧异道:"看电影?"三奶奶道:"可不是透着奇怪,专为看人去的,倒去坐在黑影子里,什么也瞧不见。后来徐太太告诉我说都是那范先生的主张,他在那里捣坏呢。他要把人家搁在那里搁个两三个钟头,脸上出了油,胭脂花粉褪了色,他可以看得亲切些。那是徐太太的猜想。据我看来,那姓范的始终就没有诚意。他要看电影,就为着懒得跟我们应酬。看完了戏,他不是就想溜么?"四奶奶忍不住插嘴道:"哪儿的话,今儿的事,一上来挺好的,要不是我们自己窝儿里的人在里头捣乱,准有个七八成!"金枝金蝉齐声道:"三妈,后来呢? 后来呢?"三奶奶道:"后来徐太太拉住了他,要大家一块儿去吃饭。他就说他请客。"四奶奶拍手道:"吃饭就吃饭,明知道我们七小姐不会跳舞,上跳舞场去干坐着,算什么? 不是我说,这就要怪三哥了,他也是外面跑跑的人,听见姓范的吩咐汽车夫上舞场去,也不拦一声!"三奶奶忙道:"上海这么多的饭店,他怎么知道哪一个饭店有跳舞,哪一个饭店没有跳舞? 他可比不得四爷是个闲人哪,他没那么多的工夫去调查这个!"金枝金蝉还要打听此后的发展,三奶奶给四奶奶几次一打岔,兴致索然。只道:"后来就吃饭,吃了饭,就回来了。"

金蝉道:"那范柳原是怎样的一个人?"三奶奶道:"我哪儿知道? 统共没听见他说过三句话。"又寻思了一会,道:"跳舞跳得不错吧!"金枝咦了一声道:"他跟谁跳来着?"四奶奶抢先答道："还有谁，还不是你那六姑！我们诗礼人家，不准学跳舞的，就只她结婚之后跟她那不成材的姑爷学会了这一手！好不害臊，人家问你，说不会跳不就结了？不会也不是丢脸的事。像你三妈，像我，都是大户人家的小姐，活过这半辈子了，什么世面没见过？我们就不会跳！"三奶奶叹了口气道："跳了一次，还说是敷衍人家的面子，还跳第二次，第三次！"金枝金蝉听到这里，不禁张口结舌。四奶奶又向那边喃喃骂道："猪油蒙了心，你若是以为你破坏了你妹子的事，你就有指望了，我叫你早早的歇了这个念头！人家连多少小姐都看不上眼呢，他会要你这败柳残花？"

流苏和宝络住着一间屋子，宝络已经上床睡了，流苏蹲在地下摸着黑点蚊烟香，阳台上的话听得清清楚楚，可是她这一次却非常的镇静，擦亮了洋火，眼看着它烧过去，火红的小小三角旗，在它自己的风中摇摆着，移，移到她手指边，她噗的一声吹灭了它，只剩下一截红艳的小旗杆，旗杆也枯萎了，垂下灰白蜷曲的鬼影子。她把烧焦的火柴丢在烟盘子里。今天的事，她不是有意的，但是无论如何，她给了他们一点颜色看看。他们以为她这一辈子已经完了么？早哩！她微笑着。宝络心里一定也在骂她，骂得比四奶奶的话还要难听。可是她知道宝络恨虽恨她，同时也对她刮目相看，肃然起敬。一个女人，再好些，得不着异性的爱，也就得不着同性的尊重。女人们就是这点贱。

范柳原真心喜欢她么？那倒也不见得。他对她说的那些话，她一句也不相信。她看得出他是对女人说惯了谎的，她不能不当心——她是个六亲无靠的人。她只有她自己了。床架子上挂着她脱下来的月白蝉翼纱旗袍。她一歪身坐在地上，搂住了长袍的膝部，郑重地把脸偎在上面。蚊香的绿烟一蓬一蓬浮上来，直熏到她脑子里去。她的眼睛里，眼泪闪着光。

◎ **我思我在**

1. 细读选文，说说在相亲过程中，范柳原与白流苏的哪些举动，引起了以四奶奶为首的白家人的非议，他们又是如何看待这两人的。

2. 有人说张爱玲的小说有"鸳鸯蝴蝶派"的烙印。可是不同于张恨水等人的爱情小说，她的作品对人物心理作了细致的雕琢。试品读下面的句子，说说写出了人物什么样的心理。

专题问道

专题 4　杨树的倒影——现当代小说研习

（1）流苏蹲在地下摸着黑点蚊烟香……擦亮了洋火,眼看着它烧过去,火红的小小三角旗,在它自己的风中摇摆着,移,移到她手指边,她噗的一声吹灭了它,只剩下一截红艳的小旗杆,旗杆也枯萎了,垂下灰白蜷曲的鬼影子。她把烧焦的火柴丢在烟盘子里。

（2）床架子上挂着她脱下来的月白蝉翼纱旗袍。她一歪身坐在地上,搂住了长袍的膝部,郑重地把脸偎在上面。

（3）一个女人,再好些,得不着异性的爱,也就得不着同性的尊重。女人们就是这点贱。

3.张爱玲说:"去掉一切的浮文,剩下的仿佛只有'饮食男女'这两项。人类的文明努力要跳出单纯的兽性圈子,几千年来的努力竟是枉费精神么?事实如此。"你觉得范柳原与白流苏的故事有没有跳出"食""色"的圈子?课外阅读小说全文,谈谈你的看法。

褐色鸟群[①]

格　非

> **导读**：1989 年出版的《褐色鸟群》是人们谈论"先锋文学"时必提的作品。小说中的"棋"与"镜子"是从博尔赫斯小说中借用来的两个颇有意味的符号。"棋"作为谜和无限可能性的象征来使用,表示了一种规则与变化的游戏;而"镜子"是一种没有实在本质的虚幻存在。令人费解的还是其叙事结构,全文由"重复"构成的几个圆圈组成。

[①] 节选自《褐色鸟群》(上海文艺出版社 2014 年版)。格非(1964—　),原名刘勇,江苏镇江人,当代作家,现为清华大学教授。1986 年发表处女作《追忆乌攸先生》,1987 年发表成名作《迷舟》,从此以"叙述空缺"而闻名于"先锋作家"之中。著有《欲望的旗帜》《小说叙事面面观》《小说讲稿》等。2015 年凭"江南三部曲"获得茅盾文学奖。

百年歌阑
中国现当代作家作品研习

  眼下,季节这条大船似乎已经搁浅了。黎明和日暮仍像祖父的步履一样更替。我蛰居在一个被人称作"水边"的地域,写一部类似"圣约翰预言"①的书。我想把它献给我从前的恋人。她在三十岁生日的烛光晚会上过于激动,患脑血栓,不幸逝世。从那以后,我就再也没有见过她。

  "水边"这一带,正像我在那本书里记述的一样,天天晴空万里,光线的能见度很好。我坐在寓所的窗口,能够清晰地看见远处水底各种颜色的鹅卵石,以及白如积雪的茅穗上甲壳状或蛾状微生物爬行的姿势。但是我无法分辨季节的变化。我每天都能从寓所屋顶的黑瓦上发现一层白霜。这些霜在中午温暖的太阳光渐渐增强了它的热度时,才化成水从屋檐滴落。这个地带从未下过一场雨。另外,在漆黑如鸦的深夜我还能观察到一些奇异的天象,诸如流星作匀速圆周运动,月亮成为不规则的樱桃形等。我想如果不是我的记忆出现了梗阻,那一定是时间出了毛病。幸好,每天都有一些褐色的候鸟从水边的上空飞过,我能够根据这些褐色的鸟飞动的方向(往南或往北),隐约猜测时序的嬗递。就像我记忆中某个医生曾声称"血是受伤的符号"一样,我以为,候鸟则是季节的符号。

  我的书写得很慢。因为我总担心那些褐色的鸟群有一天会不再出现,我想,这些鸟群的消失会把时间一同带走。我的忧虑和潜心谛听常常使我写作分心,甚至剥夺了我在静心写作时所能得到的快乐。后来,我怀疑自己是否出现了幻觉,我耳畔常常回荡着一种空旷而模糊的声响,我想它不会是候鸟渐近时悠长的哨子般的翅膀拍击空气的声音,它像是来自一个拥挤的车站,或者一座肃穆的墓地。这声音听上去像是落雪,又像是落沙。

  有一天,一个穿橙红(或者棕红)色衣服的女人到我"水边"的寓所里来,她沿着"水边"低浅的石子滩走得很快。我起先把她当作一个过路的人,当她在我寓所前踅身朝我走来时,我终于在正午的阳光下看清了她的清澈的脸。我想,来者或许是一位姑娘呢。她怀里抱着一个大夹子,很像是一个画夹或者镜子之类的东西。直到后来,她解开草绿的帆布,让我仔细端详那个夹子,我才知道果真是一个画夹,而不是

---

① "圣约翰预言":据说是科学家牛顿根据《启示录》做的关于世界末日将于2000年发生的预言。

专题问道

专题 4　杨树的倒影——现当代小说研习

镜子。

我的寓所里从未有过任何来访者。她见到我并未遵循两个陌生人相遇应有的程序，而是表现出妻子般的温馨和亲昵。她说她叫棋。她在给我看她的画夹时顺便提了一句现在是秋天了。我的记忆深处痛苦地抽搐了一下，但并未就此而唤醒往事。我为秋天而感到高兴。和棋的初次相遇就使我错过了一次注视候鸟的机会，我想，它们可能在我和棋说话的时候飞走的。我徒劳的目光越过棋的双肩，投视远处"水边"青蓝的水线时，她问了一句：你在看什么？

那些候鸟……

她转过身朝"水边"的石子滩望了一眼，又用一种天真而老练的目光看我。

我将棋让进了屋内，接着我们就在两只矮凳上坐下，看她带来的那些画。那些画上也画着一些女人，脸形和身材和棋相似，也许就是棋的画像。她有时倚在一根电线杆上，远处是一望无际的戈壁滩。有时她穿着夏装斜躺在海滨，也有一些画公园的落叶的，她跷着细长的腿俯卧在覆盖着厚厚叶被的迤逦小径旁。

这些都是你画的？我说。

不，是一个叫李朴的男孩给我画的。棋说。

李朴？

是啊，李朴。

我摇了摇头，我说我不仅不认识什么李朴，而且您是谁我一时也想不起来了。恕我冒昧，我接着说，李朴给你赠这些画大概是想和您谈恋爱吧。不过，我又说，我对这些画也一样不感兴趣。

好哇。格非——

棋陡然坐直了身体，一字一顿地说：李朴你也不认识我你也不认识你难道连李劼也不认识吗？

我猛然一惊，我的如灰烬一般的记忆之绳像是被一种奇怪的胶粘接起来，我满腹焦虑地回忆从前，就像在注视着雪白的墙壁寻找两眼的盲点。我隐约记起来了，我和棋说的那个李劼相识那是很久以前的事了，大概是一九八七年……

不过，你是怎么知道我的名字的。

别装蒜了,格非。你离开都市到这个锯木厂旁边的臭水沟来才几年,你的神志竟垮成这样啦。我三个月前曾到你这里来过,你还答应给我看你的小说,还答应过其他一些事。你的记忆全让小说给毁了。

棋说完了这些话,静静垂手而坐,像是等待我沉入往事的梦境,又像是等待我从冥想中挣脱出来。

渐渐地,我眼前的这红色的影像模糊起来,但立即它又重新变得异常清晰。

好吧,我认识你,我说(实际上我想说:我认识你算了)。

棋显出满意的样子,她突然抬手在我脸上皱纹最深的地方抚摸了一下——这是一个仪式,一个我们本来就已相识的仪式,我想大概不会是所谓"情不自禁"。但是我立刻嗅闻到了皮肤相触的一刹那蛋白质释放出来的臭鸡蛋的气味。我觉得这种气味很不错。棋看了我一眼,又将画夹摊在她拢起的双膝上,她在看画的时候不断地注意我的神态,我想她一定是想知道我是否也在看那些画。她从那些画中挑出一张递给我,就是那张画着公园秋天的那幅。

这幅画上是什么?棋问。

一个人的背影。

还有什么?

枯叶子。

落叶象征着什么?

一个人的背影。

棋没有再问下去,她说了一句你这个人怎么一点都不懂画就沉默了。过了一会儿,棋又说:

你一点也不像李劫。

李劫?

他不仅懂画而且懂诗懂开密封罐头懂治疗牛皮癣甚至——他还懂不生。

不生?

不生是一种哲学,棋说。

我不懂。

专题问道

专题4 杨树的倒影——现当代小说研习

晚上,棋没有离开我的寓所。整个晚上她都在静静地听我说故事,关于我的婚姻的故事。我想棋的聪颖机智使她猜测我在意念深处一定存在着某种障碍或者她宁愿称之为压抑。这是不是我们在看画时她发现的呢?整个晚上她充当了一个倾听诉说的心理分析医生的角色,这也许不仅出于对我的怜悯,而且我似乎看出来我们都信奉这样一句格言:

回忆就是力量。

夜晚,奇异的天象没有出现。"水边"的石子滩变成一种冰莹的纯蓝色,就像化学实验中几种物质产生化学反应后析出的某种蓝色晶体粉末。这些玛瑙似的蓝色石子泛出的冷清的光亮和故事的氛围大相径庭。

后来呢?棋问。

后来——我尽量用一种平淡而真实的语调叙述故事,因为我想任何添枝加叶故弄玄虚都会损害它的纯洁性。

后来,我就在那个卖木梳的老女人身边站住了。

那时正是四月,春天来得很迟。我看见积雪和泥浆冻在一起,高大的城市建筑物挡住了南下的寒流,形成了巨大的风的声音。那些早已废弃不用的商店霓虹灯上挂满了锥状的冰凌。我在企鹅饭店被一个漂亮的女人招引,不知不觉尾随着她走下了半个城市。我想处在我当时那个年龄被一个女人所迷惑是常有的事,但我决定跟着她走一段,仅仅因为我喜欢她走路的姿势。她的栗树色靴子交错斜提膝部微曲双腿棕色——咖啡色裤管的皱褶成沟状圆润的力从臀部下移使皱褶复原腰部浅红色——浅黄色的凹陷和胯部呈锐角背部石榴红色的墙呈板块状向左向右微斜身体处于舞蹈和僵直之间笨拙而又有弹性地起伏颠簸。

我想这样一个在风中行走的女人要在火炉旁烤火或者在浴缸里洗澡不知是怎样一个模样,我还准备往下想下去时她突然站住了。我也在那个卖木梳的老女人身旁停了下来。

买木梳吗?

接下来离奇的事发生了。

我想那个女人毫无缘由地在街道上停下来,是因为我在意念深处产生了一种当时我认为是下流的臆想——譬如裸体之类。不过随之我又认为这个女人停在人行道上是由于她自己遇到了什么事，并非我的意念感应所致。

买木梳吗？

我在思索该不该买一把木梳，同时又朦胧地感觉到她不久就会回过头来。她果真回过头来。她的目光像是注视着我，又像是留意着别处。我回避着她的目光。我知道，心灵感应术曾在这个城市里风靡一时，人们只要在一所称之为"心灵感应中心"的地方训练三个月，就能用意念驱使幻想中的情人来到自己身边。有一些造诣精深的通灵大师还能使意念和星际相通。我心里意识到了一些隐隐的恐惧感，这种恐惧感是只有当一个罪犯在明朗的月光下撬锁行窃才会有的。

我又感觉到她马上就会朝我走来。好像她在行动之前她动作的信号就从她身上散发出来穿透冬天凝固的空气，预先告知了我一样。

现在，她正朝我走来。

我看了看岗亭上在冷风中瑟瑟发抖的警察。行人各自走着自己的路，没有注意到我正在遭遇的一幕。

她朝我走来干什么……

她迎面走来的姿势跟我刚才在她背影中看到的一模一样，她的魅惑力像泉水一样从她浅黄色、深棕色、栗树色的衣饰皱褶中流淌出来。我等待着她走近，我的心情一点也不轻松，她双腿轻盈地朝前迈动，我突然有了一种感觉，好像她是静止的，而我正朝她走近。

她在我跟前停下来，朝地面俯下身去。

她在我脚边捡起了一枚亮晶晶的靴钉。

后来呢——棋问。

后来我就再也没有见过她，她捡起靴钉，转身走远，在人流中消失了。

棋审判一样的目光紧盯着我，让我觉得很不舒服。棋说，你有自恋情结。我说大概有吧。棋沉默了片刻，继续说，事情好像还没完。我说，什么事情？

你和那个女人的事。

我不由得一怔。

专题问道

专题4　杨树的倒影——现当代小说研习

那个女人捡起靴钉后,朝一个公共汽车站走去,她上了一辆开往郊区的电车,你没能赶上那趟车,但你叫了一辆出租车尾随她来到郊外她的住所——棋漫不经心地说。

事情确实如棋所说的那样,不过她说错了一个无关紧要的细节,我当时没有足够的钱叫出租车,而是租了一辆自行车来到了郊外。

不过,我说,你是怎么知道事情还没完呢?

根据爱情公式,棋说。

爱情公式?

我想事情远未了结并不是棋所说的所谓恋爱公式的推断,它完全依赖于我的叙述规则。我之所以不愿意将这样一个故事和盘托出,是因为它触及我内心深处极其隐秘的角落,想起这件事就让人觉得不痛快,下面我就来讲讲这件事。

> 编者注:此处删去了一个关于"穿栗树色靴子的女人"的故事。作为一篇先锋小说,根据其结构上的"圆圈"的特征,你觉得原文会怎样来讲述这个故事?

棋从我公寓的椅子上站了起来,她一定是知道我的故事再也没有任何延伸的余地了。她说她该走了。她还说今天下午她要去"城市公园"参加一个大型未来派雕塑的揭幕仪式。她说这座雕塑是李朴和一些自称为"彗星群体"的年轻艺术家共同完成的,她说过一些时候再到"水边"的公寓里来看我。

现在是什么季节?我说。

秋天。

棋在跟我临别的时候,我觉得她跟来时一样陌生。她抱着那个帆布裹着的画册,匆匆离开我"水边"的公寓,没有说再见。

我仍然在写那部圣约翰预言式的书。"水边"一带像往常一样寂静。那些"水边"的鹅卵石,密密麻麻地斜铺在浅浅的沙滩上,白天它们像肉红色的蛋,到了晚上则变成青蓝色。棋曾经别有用心地把"水边"称为锯木厂旁边的臭水沟,我一度被她的话所困扰。有一次,我沿着"水边"枯白的茅穗绵延的水线,朝北走了整整一天,没有发现什么锯木厂。回到公寓的时候,已经是深夜了。黑洞洞的天空中又出现了那拖着亮晶晶尾巴旋转的星辰和成不规则的樱桃形的月亮。时间像是过去了很久。棋一直没有到公寓里来。我每天坐在公寓的窗口,看着那夜霜化成的水滴从高高的屋檐下坠落。

我天天期待着棋的出现。

不知过去了几个寒暑春秋。有一天,我终于看见棋沿着水边浅浅的石子滩朝我的公寓走来。她依旧穿着橙红色(或者棕红色)的罩衫,脚步在乱石中踩出空落的声响。她怀里抱着那方裹着帆布的画夹,而远远地看起来,那更像一面镜子。我坐在公寓的门前,等待着棋朝我走近。

棋走到正对我公寓大门的路口,突然停住了。她看了看明净宽阔的水面,又转过身来看了看我。我想,她大概是示意我过去。我走到棋的身边。

有水吗?棋说。

在晌午的阳光中,她一定是走渴了,我给她弄来水。她仰起脖子喝完了水,抹了抹嘴唇,将杯子递给我。

你又给我看画儿来了吗?我说。

什么?!

她像是没有听清楚我的话,漠然地看了我一眼。

那大概是李朴为你新画的吧。我说。

什么李朴?棋说。

李劼的儿子——

棋无可奈何地笑了一下,她说我不认识什么李朴、李劼,而且也从来没人给我画过画——您是谁?

我一愣。

棋——我说,前一段时间你不是到我的公寓里来过吗?你让我看了你说是李朴的画,那些画上画了一些落叶和电线杆,我们在夜晚说着故事,通宵未眠——

我竭力搜寻记忆中那次和棋的初逢的每一个细节。然而棋固执而有礼貌地打断了我的话。

专题问道

专题4　杨树的倒影——现当代小说研习

我的名字不叫棋,我是一个过路人,天热了,我跟您讨杯水喝,您一定是记错人了。

那么——我指指她怀里抱着的画夹。

少女将那个帆布包裹搁在膝盖上,熟练地解开青绿色的带子。

那是一面锃亮的镜子。

少女将镜子重新包好,夹在怀里,她将了捋披散的长发,朝我摆了摆手,转身走了。

少女的身影离我远去了。

褐色的鸟群扑闪着羽翅,掠过"水边"银白钢蓝色的天空,在看不到边际的棕红沙滩上布下如歌的哨音。这些褐色的候鸟天天飞过"水边"的公寓,但它们从不停留。

◎ 我思我在

1. 有人说《褐色鸟群》是"中国当代小说中最为玄奥的作品"。你觉得本文有哪些玄奥难懂的地方?

2. 小说中有许多反复出现的意象,如"褐色鸟群""画夹""镜子"等,这些意象在小说中各有什么意味?

3. 请根据文中空缺处的要求,猜测"穿栗树色靴子的女人"的故事。然后,找来原文比较,谈谈先锋小说与传统小说在叙事上有什么不同之处。

※ 实践笃行

有胆,你就秀出来
——《平凡的世界》读书笔记展

情境创设

1972年联合国教科文组织向全世界发出了"走向阅读社会"的号召,1995年正式确定每年4月23日为"世界图书与版权日"(简称"世界读书日")。今年的"世界读书日"即将到来,高一(1)班的同学们决定举行一个特别的活动来纪念这个日子:《平凡的世界》读书笔记展。他们希望通过这个活动达成以下目标:

1. 进一步激发大家的阅读兴趣,在班级内营造"共读好书"的良好氛围。

2. 培养"不动笔墨不读书"的良好习惯,掌握摘抄式、卡片式、批注式、图画式等读书笔记方法,并在阅读中积极实践。

3. 培养阅读长篇巨著的耐心和训练相应的方法。

4. 组织读书笔记展,交流做读书笔记的经验,在阅读、鉴赏、表达、交流等语文实践活动中提高语文素养。

活动准备

1. 组织借阅或购买《平凡的世界》,确保至少每两位同学能有一本书,保障阅读活动有效进行。

2. 每位同学制订自己的阅读计划,争取周一至周五每天至少花 40 分钟阅读 1.5 万字以上,周六周日每天至少花 90 分钟阅读 3 万字以上,确保 8 周内都能完成全书的阅读。期间隔周设一节阅读课,补充同学们的阅读时间,同时便于教师的监督与调控。

3. 教师录制 15 分钟的微课,供同学们在课外通过学校网校自主学习。主要内容有:钱锺书读书做笔记的故事,脂评本《红楼梦》、金圣叹评点《水浒传》的图片展示,简介几种常见的读书笔记写作方法;重点推介国外 Reading Response 的 17 种阅读笔记方式,尤其是其中"画故事图"和"写 9 个要素的阅读小结"等方法,以开阔同学们的视野,鼓励大家以丰富多彩、富有创造性的方式来做读书笔记。

由于《平凡的世界》阅读时间相对较长,为保证班级里每位同学都能完成这一次阅读"长征",成立若干阅读小组,便于相互鼓励,彼此督促,在良好的氛围里共读好书;各小组设立组长一名,主要职责是统计汇报每周本组阅读进度,组织小组成员选择多种方法写读书笔记,并推荐优秀的读书笔记参加课堂展示。

为确保本次长篇巨著阅读活动的"量"与"质",以及最后全班交流的顺利、有效,建议各小组在第 5 周组织一个"中期交流会",进行组内交流。

专题问道

专题 4　杨树的倒影——现当代小说研习

班级成立由 3 位同学组成的活动策划小组,具体讨论设计本次"读书笔记展"活动的具体程序和形式,选择主持人,准备主持稿。

活动过程

环节一　秀出你的故事

主持人：在课前微课学习中,我们知道了钱锺书先生的读书故事,了解了他的《管锥编》"内容之渊博,思路之开阔,联想之活泼,想象之奇特,实属人类罕见",也一定记得杨绛先生说过："许多人说,钱锺书记忆力特强,过目不忘。他本人却并不以为自己有那么'神'。他只是好读书,肯下功夫,不仅读,还做笔记；不仅读一遍两遍,还会读三遍四遍,笔记上不断地添补。所以他读的书虽然很多,也不易遗忘。"最近 8 周,我们在阅读《平凡的世界》,相信大家一定效法了钱先生"好读书""肯下功夫"的精神,践行着"不动笔墨不读书"的悠久传统。

两个月,110 万字,有同学说这是一场"苦读",也有同学说是一场"悦读",你有什么体会？分享一下你在阅读这本书时的真实体验。

环节二　秀出你的嗓音

主持人：路遥从 1975 年开始创作《平凡的世界》,直到 1988 年才完稿。可以说这部巨著是作者呕心沥血而写成的。据说,小说完成后,作者有一段时间甚至不能从书中回到现实世界,连过马路也要弟弟搀扶。正是因为灌注了太多的心血,所以文中随处可见像"人生就是永不休止的奋斗！只有选定目标并在奋斗中感到自己的努力没有虚掷,这样的生活才是充实的,精神也会永远年轻"这样的锦句佳段,大家一定随手摘录了不少。

下面,我们就来一个班级版的《朗读者》,请各小组精选本组做的几则摘记式读书笔记,推选代表朗诵。请朗读者朗读时,交代原文页码和故事背景；请同学们对精彩的摘抄和出彩的朗诵给予热烈的掌声。

提示：这样的好句佳段不胜枚举,除饱含着人生哲理的一类,主持人要特别引导大家关注和欣赏含蓄蕴藉的段落,如"孙少平目前还没有到这样的地步。他只是感到,在他如此潦倒的生活中,有一个姑娘用这样亲切而善意的目光在关注他,使他感到无限温暖。

她那可怜的、清瘦的脸颊,她那细长的脖项,她那刚能遮住羞丑的破烂衣衫,都在他的内心荡漾起一种春水般的波澜"。

环节三　秀出你的读本

主持人:评注式读书笔记是自金圣叹、脂砚斋等以来最为古老也最为常见的一种读书笔记方式。在书侧,在字里行间,边读边写,或评或析,随手写下自己即时的阅读感受,既方便易行,又便于日后再读补充。相信在过去的8个星期内,许多同学一定使用了这种方法。有了自己的圈点勾画,留下了自己笔迹的《平凡的世界》,就成了一个"读本"。

下面,请各小组秀出自己的"读本"。请各小组派代表到前台通过实物投影仪展示;请同学们从书写的字迹、符号的规范性和评注的质量等方面来评判,就用你的掌声给优秀"读本"点个响亮的赞吧!

环节四　秀出你的卡片

主持人:利用格式化的"读书卡"做读书笔记,记录下内容出处,标明题目、作者和记载日期,并且对内容进行分类,编排分类号,这有利于我们从"一本"走向"一类",从"阅读"走向"应用",从而实现"通过阅读促进人生成长"的目标。有的同学还使用了自创的读书卡,有书签形的,有树叶形的,并且手绘了精美的图案,宛若一件件艺术品,使我们的阅读真正成为一件"雅事"。

下面,请各小组秀出你的卡片!展示时,请重点解释分类的原因;若是自行设计的,请说明设计理由。请同学们重点关注分类恰当与否,可以现场提出疑问或建议;看见原创的精美书签,同样欢迎大家用掌声点赞。

环节五　秀出你的妙评

主持人:在课前微课中,老师介绍了国外 Reading Response 的读书笔记法,大家一定对许多新奇的做法印象深刻。其中用6个词推介一个人物、用一句话评价某一个情节等做法很值得借鉴。在对《平凡的世界》人物和情节的评点之中,可以彰显我们批判性阅读的智慧。有一位同学是这样用6个词评价人物的,你觉得有没有道理?

孙少平:理想主义　韧性　平凡而不平庸　高尚　生活家　阿Q

专题问道

专题 4　杨树的倒影——现当代小说研习

孙少安：保守　进步　坚忍　土墙　生活奴　传统

田晓霞：猛士　突围　女权　跨时代　精神贵族　鹰

田润叶：隐忍　矛盾　挣扎　知性　结　雾

对有关情节，有同学是这样一句话评价的，你赞同吗？

孙少平重回麻雀山：杜梨树下一点四十五分的永恒。

孙少平遇外星人：现实与荒诞的第三类接触。

下面，请各小组秀出你的妙评。请组长口头分享本组几则妙评，要求具体说明这样评价人物或情节的原因；请同学们对闪光的妙评，给予热烈的掌声。

环节六　秀出你的图画

主持人：在 Reading Response 读书笔记法中，有一个画故事图的方法十分新颖，老师在微课中给我们做了重点介绍。阅读是一种个性化行为，读者的阅读是一个"再创作"的过程。而"画图"可以充分地表现阅读者个性化的阅读感受，可以充分展现自己"再创造"的成果。当然，做这样的读书笔记，对我们也是莫大的挑战，可贵的是，我们有部分同学积极尝试，画出了自己阅读时心中的图画。

请大胆地走到前台来秀出你的图画，并解释自己的创意；请同学们依然用热情的掌声，为精彩的故事图点赞。

活动结束

主持人：最近 8 周，我们经历了有计划、有任务地细读一部经典的"长征"，这是对我们良好阅读习惯的一次有效培养，也是对我们撰写读书笔记的一次系统训练。今天，同学们一定在各种"秀"中，获益匪浅。希望同学们在今后的阅读中，一要继续有计划地研读长篇经典，二要养成"不动笔墨不读书"的良好习惯。为了更好地展示我们班的阅读成果，与全校其他班级乃至社会上广大的同龄人分享我们的阅读成果，我们将从今天的"秀"中选择一些"晒"到班级微信公众号。希望同学们撰写《平凡的世界》的读后感，我们将择优发表在公众号上。

在经典阅读中成长，在相互交流中进步，愿我们都能获得一个美丽的阅读人生！

活动自检

活动阶段	活动细目	分值	自评
活动准备	① 能按期读完整部小说	35分	
	② 读书笔记采取了两种以上的方式	15分	
	③ 积极参加组内交流	5分	
活动过程	① 大胆推介自己的笔记参"晒"	5分	
	② 活动中积极参加讨论、踊跃发表自己的见解	10分	
	③ 积极学习他人优秀的读书笔记	5分	
活动结束	① 撰写长篇读书笔记	20分	
	② 积极推荐自己的笔记给班级微信公众号	5分	

专题 5

舞台你我他
——现当代戏剧研习

学习目标

1. 进一步了解戏剧的相关常识。
2. 学会欣赏现当代不同风格的戏剧作品,有自己的理解,能作出恰如其分的评价。
3. 培养阅读现当代戏剧作品的兴趣,并在学习戏剧表演中,促进表达交流。
4. 理解不同人物在特殊情境下的抉择,丰富自己的人生体验。

学习建议

当我们迷恋靠"颜值"和"明星"撑起的影视剧时,恐怕很少有机会走进剧院去欣赏"戏骨"们精心奉献的戏剧大餐吧?我们可能背诵过不少诗歌,品味过许多散文,也可能阅读过几本长篇小说,但是我们可曾捧起剧本,尝试着去感受那纸上的舞台人生?

从清末民初的"春柳剧社"到20世纪末的实验话剧,从李叔同的俊俏装扮到赖声川的梦境舞台,现当代戏剧作品给我们带来了真情与触动,带来了思考与启迪。舞台方寸之地,演绎人生百态;剧本尺牍之间,浮现天地万象。让我们捧起剧本,走进戏剧的世界。

1. 细致地揣摩剧本。品味戏剧中的人物语言和舞台说明,探究戏剧人物的行动与冲突,以及由此表现出的性格特点,最后理解剧作家通过剧本所表达的对人生、对社会等各方面的思考,如陈白露这一舞女形象及作家创作的意图。

2. 建议去剧院观看一场戏剧,发现剧本与舞台演出两者的异同。对于大多数剧作家而言,剧本的写作最终是为了能够搬上舞台表演,戏剧文本加上舞台演出才是真正的戏剧艺术。不同的导演会对同一剧本作不同的改动,不同的演员对同一人物会有不同的塑造。

3. 演一出小短剧。选择做导演或演员,站在不同的身份立场上,对剧本作出自己的理解与剪裁。

※ 含英咀华

日　出①

曹禺

> **导读**:《日出》以交际花陈白露所处的某旅馆为背景,掀开了"损不足以奉有余"罪恶世界的一角,描绘了陈白露周围的芸芸众生:腐朽的上层人物,银行经理潘月亭,有钱的孀妇顾八奶奶;悲苦的下层大众,被拐卖的"小东西";有良知的书生方达生;游手好闲的"面首"胡四;为生活所迫苦苦挣扎最后不得不毒死全家的银行书记黄省三……整部话剧结构严谨,冲突强烈,语言精练,批判尖锐。节选部分是第四幕,陈白露面对方达生的劝说,犹豫着、挣扎着是否要离开这个充满黑暗的旅馆。

〔中门敲门声。

陈白露　谁?

方达生　我。(推开门进来,他还穿着他的毛蓝布大褂,神色沉郁,见着白露,微现喜色)

陈白露　你刚回来?

方达生　我回来一会儿,我走到你门口,我听见顾太太在里面,我就没进来。

陈白露　(望着他)怎么样?小东西找着了么?

---

① 节选自《雷雨·日出:曹禺作品菁华集》(湖南文艺出版社2013年版)。曹禺(1910—1996),原名万家宝,祖籍湖北潜江,出生于天津,现代话剧剧作家。代表作品有《雷雨》《日出》《原野》《北京人》等。1934年曹禺的话剧处女作《雷雨》,被公认为是中国现代话剧成熟的标志作品。曹禺先生被誉为东方的"莎士比亚"。

专题问道

专题 5 舞台你我他——现当代戏剧研习

方达生 （摇头）没有。那种地方我都一个一个去看了。但是,没有她。

陈白露 （失望）这是我早料到的。（半晌,扶他坐下）你累了么?

方达生 有一点,不过我很兴奋,我很兴奋。我在想,这两天我不断地想着个问题。

陈白露 （笑）怎么,你又想,想起来了?

方达生 嗯。没有办法,我是这么一个人,我又想起来了。尤其是今天一夜晚,叫我觉得——（忽然）我问你,人与人之间为什么要这么残忍呢?

陈白露 （笑）这就是你所想的问题么?

方达生 不,不尽然。我想的比这个问题要大,要实际得多。我奇怪,为什么你们允许金八这么一个禽兽活着?

陈白露 你这傻孩子,你还没有看清楚,现在,我告诉你,不是我们允许不允许金八活着的问题,而是金八允许我们活着不允许我们活着的问题。

方达生 我不相信金八有这么大的势力。他不过是一个人。

陈白露 你怎么知道他是一个人?

方达生 （沉思）嗯……（忽然）你见过金八么?

陈白露 我没有那么大福气。你想见他么?

方达生 （有意义地）嗯,我想见见他。

陈白露 那还不容易,金八多得很,大的,小的,不大不小的,在这个地方有时像臭虫一样,到处都是。

方达生 （沉思）对了,臭虫! 金八! 这两个东西都是一样的,不过臭虫的可恶,外面看得见,而金八的可怕外面是看不见的,所以他更凶更狠。

陈白露 （眼盯着达生）你仿佛有点变了。

方达生 嗯,我似乎也这么觉得。不过我应该谢谢你。

陈白露 （不懂）为什么?

方达生 （严重地）是你给我这么一个机会。

陈白露 我不大明白你的话,你的口气似乎有点后悔。

方达生 （肯定地）不! 我不后悔,我毫不后悔多在这里住几天。你的话是对的,我应该多观察观察这一帮东西。现在我看清楚他们了,不过我还没有看清楚你,我不明白你为什么要跟他们混？你难道看不出他们是鬼，是一群禽兽。竹均，我看你的眼，我就知道你厌恶他们，而你故意天天装出满不在意的样子，天天自己骗着自己。

陈白露 （深邃地望着他）你——

方达生 你这样看我做什么？

陈白露 （忽然——倔强地嘲讽着）你很相信你自己的聪明。

方达生 竹均，你又来了。不，我不聪明。但是我相信你的聪明。你不要瞒我，你心里痛苦，请你看在老朋友的份上，我求你不要再跟我倔强，我知道你嘴上硬，故意说着谎，叫人相信你快乐，可是你眼神儿软，你的眼瞒不住你的恐慌，你的犹疑，不满。竹均，一个人可以欺骗别人，但欺骗不了自己，你这样会把你闷死的。

陈白露 （叹一口气）不过你叫我干什么好呢？

方达生 很简单，你跟我走，先离开这儿。

陈白露 离开这儿？

方达生 嗯，远远地离开他们。

陈白露 （仰头想）可……可……可是上哪里去呢？我这个人在热闹的时候总想着寂寞，寂寞了又常想起热闹。整天不知道自己怎么样才好。你叫我到哪里去呢？

方达生 那有一个办法：你应该结婚！你需要嫁人！你该跟我走。

陈白露 （忽然笑起来）你的拿手好戏又来了。

方达生 不，不，你不要误会，我不是跟你求婚。我并没有说我要娶你。我说我带你走，这一次我要替你找个丈夫。

陈白露 你替我找丈夫？

方达生 嗯，我替你找。你们女人只懂得嫁人，可是总不懂得嫁哪一类人。这一次，我带你去找，我要替你找一个真正的男人。你跟我走。

陈白露 （笑着）你是说一手拉着我，一手敲着锣，到处去找我的男人么？

方达生 那怕什么？竹均，你应该嫁一个真正的男人。他一定很结实，很傻气，整天地苦干，像这两天那些打夯的人一样。

专题问道

专题 5 舞台你我他——现当代戏剧研习

陈白露 哦,你说要我嫁给一个打夯的?

方达生 那不也很好。你看他们哪一点不像个男人?竹均,你应该结婚。你应该立刻离开这儿。

陈白露 (思虑地)离开——是的。不过,结婚?(嘘出一口气)

方达生 竹均,你正年轻,为什么不试试呢?活着原来就是不断地冒险,结婚是里面最险的一段。

陈白露 (顿,忽然,把头转过去,缓缓一字一字地)可是这个险我冒过了。

方达生 (吃了一惊)什么?你试过?

陈白露 (乏味地)嗯,我试过。但是(叹一口气)一点也不险。——平淡无聊,并且想起来很可笑。

方达生 竹均,……你……你已经结过婚?

陈白露 咦,你为什么这么惊讶?难道必须等你替我去找,我才可以冒这个险么?

方达生 (低声)这个人是谁?

陈白露 (神秘地)这个人有点像你。

方达生 (起了兴趣)像我?

陈白露 嗯,像——他是个傻子。

方达生 (失望)哦。

陈白露 因为他是个诗人。(追想)这个人哪,……这个人思想起来很聪明,做起事就很糊涂。让他一个人说话他最可爱,多一个人谈天他简直别扭得叫人头痛。他是个最忠心的朋友,可是个最不体贴的情人。他骂过我,而且他还打过我。

方达生 但是(怕说的样子)你爱他?

陈白露 (肯定)嗯,我爱他!他叫我离开这儿跟他结婚,我就离开这儿跟他结婚。他要我到乡下去,我就陪他到乡下去。他说:"你应该生个小孩!"我就为他生个小孩。结婚以后几个月,我们过的是天堂似的日子。他最喜欢看日出,每天早上他一天亮就爬起来,叫我陪他看太阳。他真像个小孩子,那么天真!那么高兴!有时候乐得在我面前直翻跟头,他总是说:"太阳出来了,黑暗就会过去的。"他永远是那么乐观,他写一本小说也叫《日出》,因为他相信一切是有希望的。

方达生　不过——以后呢?

陈白露　以后?——(低头)这有什么提头!

方达生　为什么不叫我也分一点他的希望呢?

陈白露　(望着前面)以后他就一个人追他的希望去了。

方达生　怎么讲?

陈白露　你不懂?后来,新鲜的渐渐不新鲜了,两个人处久了渐渐就觉得平淡了,无聊了,但是都还忍着;不过有一天……他忽然说我是他的累赘,我也忍不住说他简直是讨厌!从那天以后我们渐渐就不打架了,不吵嘴了,他也不骂我,也不打我了。

方达生　那不是很好么?

陈白露　不,不,你不懂。我告诉你结婚后最可怕的事情不是穷,不是嫉妒,不是打架,而是平淡,无聊,厌烦。两个人互相觉得是个累赘,懒得再吵嘴打架,直盼望哪一天天塌了,等死。于是我们先只见面拉长脸,皱眉头,不说话。最后他怎么想法子叫我头痛,我也怎么想法子叫他头痛。他要走一步,我不让他走;我要动一动,他也不许我动。两个人仿佛捆在一起扔到水里,向下沉,……沉,……沉,……

方达生　不过你们逃出来了。

陈白露　那是因为那根绳子断了。

方达生　什么?

陈白露　孩子死了。

方达生　你们就分开了?

陈白露　嗯,他也去追他的希望去了。

方达生　那么,他在哪里?

陈白露　不知道。

方达生　那他有一天也许回来看你。

专题问道

专题5 舞台你我他——现当代戏剧研习

陈白露 不,他决不会回来的。他现在一定工作得高兴。(低头)他会认为我现在简直已经堕落到没有法子挽救的地步。(悲痛地)哼!他早把我忘记了。

方达生 (忽然)你似乎还没有忘记他?

陈白露 嗯,我忘不了他。我到死也忘不了他。喂,你喜欢这两句话么?"太阳升起来了,黑暗留在后面;但是太阳不是我们的,我们要睡了。"你喜欢么?

方达生 我不大懂。

陈白露 这是他的小说里一个快死的老人说的。

方达生 你为什么忽然要提起这一句?

陈白露 因为我……我……我时常想着这样的人。

方达生 (忽然)我看你现在还爱他。

陈白露 (低头)嗯。

方达生 你很爱他。

陈白露 (望)嗯。——但是你为什么这么问我?

方达生 没有什么,也许我问清楚了,可以放下心。这样,我可以不必时常惦念着你了。谢谢你,竹均,你真是个爽快人。(立起来)竹均,我要去收拾东西去了。

陈白露 你就要走?这里还有你一封电报。(拿出来交给他)

方达生 (拆开看)嗯。(把电报揉成一团)

陈白露 是催你回去么?

方达生 嗯,是的。(停顿)再见吧!竹均!(伸出手)

陈白露 为什么这么忙?难道你天亮就走么?

方达生 我想天亮就离开旅馆。

陈白露 你坐哪一趟车?

方达生 不,不,我不回去。我只是想搬开。

陈白露 你不走?

方达生 不,我不回去。不过我也许不能常来看你了。

陈白露 (奇怪)为什么?这句话很神秘。

方达生 我在这里要多住些天,也许我在这里要做一点事情。

陈白露　你在这里找事做？

方达生　事情自然很多，我也许要跟金八打打交道，也许要为着小东西跑跑，也许为小书记那一类人做点事，都难说。我只是想有许多事可做的。

陈白露　这么说，你跟他要走一条路了。

方达生　谁？

陈白露　他，——我那个诗人。

方达生　不，我不会成诗人。但是我也许真会变成一个傻子。

陈白露　（叹一口气）去吧！你们去吧！我知道我会被你们都忘记的。

方达生　（忽然）不过，竹均，你为什么不跟我走？（拉起她的手，热烈地）你跟我走！还是跟我走吧。

陈白露　可是——（空虚地望着前面）上哪儿去呢？我告诉过你，我是卖给这个地方的。

方达生　（放下手，怜恤地望着她）好吧。你，——唉，……你……你这个人太骄傲，太倔强。

〔敲门声。

◎ **我思我在**

1. 剧本节选部分，方达生希望陈白露能够与他一起离开现在所在的地方，陈白露的态度是什么？为什么陈白露会有这样的态度？

2. 剧本人物的语言往往含有丰富的潜台词。揣摩下列画线句所蕴含的潜台词。

（1）陈白露　（失望）<u>这是我早料到的。</u>（半晌，扶他坐下）你累了么？

（2）陈白露　因为我……我……<u>我时常想着这样的人。</u>

（3）方达生　不，不尽然。我想的比这个问题要大，要实际得多。<u>我奇怪，为什么你们允许金八这么一个禽兽活着？</u>

（4）方达生　那不也很好。<u>你看他们哪一点不像个男人？</u>竹均，你应该结婚。你应该立刻离开这儿。

3. 这部话剧所有的故事都是在黑夜中进行的，曹禺却将它命名为《日出》，剧本里的未出现的诗人所写的小说也叫《日出》。显然，"日出"一词具有象征意味。小说里有陈白

专题问道

专题5 舞台你我他——现当代戏剧研习

露最喜欢的一句话:"太阳升起来了,黑暗留在后面;但是太阳不是我们的,我们要睡了。"由这一句话,我们可以推测"日出"是什么意思吗?

耶稣·孔子·披头士列侬①

沙叶新

> **导读**:创作于1987年的话剧《耶稣·孔子·披头士列侬》,曾获加拿大"1988年舞台奇迹与里程碑"称号。这是一部戏剧版的《关公战秦琼》:伽利略、牛顿、贝多芬等众多历史人物轮番上场。耶稣、孔子也不再是"冷冰冰"的神坛人物,在上帝的旨意下,他们俩与英国披头士摇滚乐队的歌手列侬组建成了"考察团",去"考察"现代地球上各个国家的发展情况,而"考察"的国家也是你意想不到的。在"考察"行程中,他们有互相拆台,有彼此合作,有文化交锋,有思想交流,整个旅程是一场有惊无险的"历险记"。节选部分是第二幕开始,他们来到月球之后所发生的一切。

太空,无边无际,神秘莫测。各个星系、星座、星球都在按自身内在的规律运转着。星光的闪烁,像是思索中的眼睛的闪动。宇宙也在思索:自己究竟是什么?自己是否也有罪恶?

孔子、耶稣、列侬乘云驾雾,飘悬在太空。

耶稣 下边就是月球!

列侬 我的妈呀,总算有了个落脚点。

---

① 节选自《阅世趣言》(中国人民大学出版社2015年版)。沙叶新(1939—),江苏南京人,国家一级编剧。主要作品有多幕话剧《假如我是真的》《陈毅市长》《耶稣·孔子·披头士列侬》,独幕喜剧《一分钱》《约会》,长篇小说《张大千》等。披头士列侬,约翰·温斯顿·列侬(John Winston Lennon,1940—1980),出生于英国利物浦,英国摇滚乐队"披头士"成员,摇滚音乐家,诗人,社会活动家。

孔子　真可谓不远万里。翼若垂云怒而飞,背负青天莫夭阏。

　　　〔孔子、耶稣、列侬降落在月球上,三人一接触月面便像皮球似的弹跳起来。

孔子　(惊慌地)哎呀呀,为何弹跳不已,弹跳不已!

列侬　他妈的真有意思,月球的引力只有地球的六分之一,我们每个人都轻了六分之五,都成了跳高冠军!

　　　〔三人如此弹跳七八次,才逐渐止息。

孔子　咳,君子坐立行卧,皆有礼仪,如此狂跳,东倒西歪,成何体统!(拂袖整冠,端正仪容,显得一本正经,突然地)大事不好,我的心怎么也不循规蹈矩了?

列侬　心又怎么了?

孔子　老夫的心一向跳动有序、从容平缓,此刻为何似野马狂奔?

列侬　在月球上的心速是要比在地球上快一倍!

孔子　(摇头)荒唐!心之跳动,应有节有序,岂可忽快忽慢,有失庄重?轻狂,轻狂!

列侬　(环视四周)啊,好荒凉!

孔子　既不见吴刚,又不见嫦娥,连玉兔、桂树、广寒宫也无影无踪。

耶稣　这都是人类入侵月球的结果!

列侬　那边有一座环形山!

耶稣　它叫万户。

孔子　万元之户?

耶稣　不,姓万名户。

孔子　哦?炎黄子孙?

耶稣　对,这座环形山就是以这个中国人的名字命名的。

列侬　为什么?

耶稣　万户是中国明代人,他异想天开,发明了一把航天椅,想入侵月球,刚起飞就摔死了。疯子,上帝给了他应有的惩罚!

列侬　不是疯子,是壮烈的勇士,是中国的光荣,是人类的骄傲,我真想为他谱首曲子!

孔子　明代竟有这样一个奇人?

列侬　贵国的事你不知道?

专题问道

专题5 舞台你我他——现当代戏剧研习

孔子 嗯……商代之事,吾能言之;殷代之事,吾能言之,文献足故也。明代万户,乃后世之事,文献不足,吾何以能知?知之为知之,不知为不知,是知也。

列侬 一块铜牌!(捡起)啊,首次登月的纪念牌!

耶稣 (接过,念)"公元1969年7月,地球行星上的人类在此首次踏上月球。我们是代表人类和平来此。"哼!(欲扔铜牌)野蛮侵入!

列侬 别扔!(夺过铜牌,放回原地)在这儿人类跨出了最伟大的一步。

耶稣 可他们迫使嫦娥和狄安娜流离失所,无处安身,造成了月球的寂寞荒凉。

列侬 月球本来就荒凉,这是上帝的责任,他从来没有对月球进行经济开发!

耶稣 我实在告诉你,诋毁上帝是有罪的!

列侬 上帝也应该允许对他的失职行为进行批评!

孔子 好了,好了,二位莫要争吵!

耶稣 他亵渎上帝,我不可不争!

列侬 他歪曲事实,我不能不吵!

孔子 二位息怒,君子应不疾言,正颜色,文质彬彬。

列侬 你给评评理,究竟谁错?

孔子 你亦是,彼亦是,都不错。

列侬 那还有什么是非?

孔子 这便是中庸之道。不偏不倚谓之中,不易不变谓之庸,此乃天下之正道,万物之定理。

列侬 像你这样中庸,解决不了争端。你得说个明白!

孔子 若是硬要问个是非,当然耶稣为是,而你为非。

列侬 为什么?

孔子 耶稣乃上帝之子,是为天子,是为人君。君君、臣臣、父父、子子。你我当然要听命于他。天下无不是的父母,也无不是的君王,故而耶稣永远是对的。况且耶稣还身为我们考察团之团长,你我更得服从于他。

列侬 他怎么又成了团长?谁选他的?

孔子 何用选?三人行,必有我师。师者其谁,非耶稣莫属。

列侬　这可要弄个明白。耶稣是上帝之子,这是不得不承认的事实,是不用选举的。可考察团团长人人可当,非选不可!

孔子　不选也可。

列侬　不,非选不可!

孔子　也罢,选又何妨。

耶稣　不,绝不能选!

孔子　不选?好,不选也罢。

列侬　你怎么一会儿同意选,一会儿又反对?

孔子　君叫臣死,臣不敢不死,耶稣说不选,就不选吧!

耶稣　谁也不能怀疑和动摇我的权威,凡不敬畏我的,必受惩罚!

列侬　你惩罚吧,拜拜!

孔子　你要走?!

列侬　退出考察团!

孔子　列侬先生,请慢,再请商量。(对耶稣)依我之见,选也无妨。(低声地)您投自己一票,我再投您一票,二与一之比,您定可选上。

耶稣　好吧!

孔子　列侬先生,我们同意选举。

列侬　早该如此!现在选举开始。

孔子　以何种方式?

列侬　举手表决。同意耶稣为考察团团长的请举手!

　　〔孔子立即举手。

　　〔耶稣先是不屑一顾,但一看只有孔子一人举手,估量了一下形势,也只得举起手,自己投自己一票。

　　〔列侬笑了笑,出人意外地也举起了手。

　　〔孔子、耶稣惊愕。

列侬　好,全票通过,一致选举耶稣为考察团团长,请大家鼓掌!

　　〔孔子、列侬鼓掌。

专题问道

专题 5 舞台你我他——现当代戏剧研习

[耶稣见状,也随着鼓掌。

孔子　未料到你也举手。

列侬　我同意,当然举手。

孔子　既然早就同意,何必选举,真乃多此一举。

列侬　性质却不一样。不经选举,我是被迫地服从专制;经过选举,我是自愿地服从民主。

耶稣　异教徒的言论!不论专制、民主,你们都要听从我、敬畏我、侍奉我!

孔子　(毕恭毕敬地)团长大人,天色不早,请赶路吧!

耶稣　好吧。远处那个蓝色的星球便是地球!

列侬　(兴奋)哦,地球!

孔子　人间!尚有多远?

列侬　还有三十八万公里。

孔子　几日可到?

耶稣　还要四天四夜。

孔子　丘离家已两千余年,归心似箭!

列侬　我也恨不得马上飞到我的妻子、儿子身边。

耶稣　我郑重地提醒你们,这次出使地球,是公差,不是度假,任何人都不得探亲访友,不得游山玩水,不得假公济私,公费旅行!

列侬　难道周末也不能和家人团聚?

耶稣　一律不准!

列侬　违反人道,我抗议!

耶稣　必须服从!

列侬　给妻子打个电话也不行?

耶稣　绝不允许,以防泄密。孔老先生,你能作出保证吗?

孔子　我遵命。一、我妻亓官氏早已不在人间,我无须与之通话;二、电话为何物,我亦不知,万万不敢打也。

耶稣　(对列侬)列侬先生呢?

列侬　（勉强地）服从。快走吧！

耶稣　慢,地球上有二百多个国家,先去哪儿?

孔子　悉听尊便。

列侬　应该讨论一下。

耶稣　你说去哪儿?

列侬　在太空看地球,只能看到中国的万里长城,我建议去中国!

孔子　去九州大地?

列侬　你的故乡。

孔子　万万不可!

列侬　你不是归心似箭吗?

孔子　但我近乡情更怯!

列侬　怕什么?

孔子　几年之前,我国正在"批林批孔"。

列侬　"批林批孔"?

孔子　"批孔"即批我也,我若此番前去,岂不自投罗网?!

耶稣　孔先生不必担心,中国那场灾难性的运动早已结束了。

孔子　老夫心有余悸,还是谨慎为好。

耶稣　那去哪里呢?

孔子　嗯……我在天堂之时,与华盛顿先生过从甚密,他曾言到,美利坚合众国建国才二百余年,如今已一跃而为世界之最大强国,值得一去。

耶稣　去美国?

孔子　吾心甚向往之。吾在春秋之际,曾周游列国,唯独美国未曾去过,至今深以为憾。

列侬　我可不去美国！老子他妈的是在美国被人枪杀的,我可不愿再去挨第二颗枪子儿！

耶稣　还是请示上帝吧。

〔耶稣低头默祷,口中念念有词。

专题问道

专题5　舞台你我他——现当代戏剧研习

◎ **我思我在**

1. "去中国",还是"去美国"?在"考察团"三人犹豫不决时,耶稣只能向上帝请示。大家猜,他们最后去哪儿了?

2. 剧中的孔子唯唯诺诺,言语中又有很多矛盾,这符合你心目中的孔子形象吗?

3. 耶稣是西方传统文化的代表,孔子是中国传统文化的代表,列侬是西方现代文化的代表,如果要选择一位中国现当代作家作为中国现当代文化的代表加入"考察团"中,你会选谁呢?

蒋公的面子[①]

温方伊

> **导读:**《蒋公的面子》是南京大学110周年校庆的献礼剧。1943年蒋介石担任中央大学(南京大学前身)校长,邀请中文系夏小山、卞从周、时任道三位教授共进年夜饭。三人因时局动荡、时事纷扰,对蒋公年夜饭的邀请表现出不同的态度。面对蒋公邀请,1943年三位大学中文系教授为"去不去赴宴"而争吵,1967年他们为"有没有去赴宴"而争吵。"一场宴会"折射出两个不同的时代,也反映出知识分子在任何社会似乎都会面临尴尬的处境。节选部分是最后两幕,三位教授在两个不同时代发生的争吵。剧末青年夏小山与老年夏小山共唱《长生殿》,留下了一点魔幻的色彩。

七

〔一九六七年,南京大学"文革楼"。

[①] 节选自《蒋公的面子》(南京大学出版社2013年版)。温方伊,编剧。2009年考入南京大学文学院戏剧影视艺术系,写作本剧时为大学三年级学生。

老年卞从周　桂林来信,说你的书都已经进了当铺,你一咬牙就同意去了。

老年时任道　一派胡言。

老年夏小山　那人不是我,肯定不是我。

老年卞从周　就是你。

老年时任道　我没去。我永远不会和老蒋坐在一张桌子上。

老年夏小山　你绝对是记错了。

老年时任道　我警告你,你别乱咬人。

老年卞从周　不信问你老伴。(顿,有些尴尬)抱歉,我忘了……

老年时任道　你还有脸提我老伴!景园就是你害死的。

老年卞从周　你这是什么道理!

老年时任道　你的揭发大字报贴上墙,当天夜里景园就……

老年卞从周　那不是揭发!是交代!交代!

老年时任道　交代?你交代你自己跟蒋该死吃饭就行了,为什么捏造事实,说我也去了?

老年卞从周　你是去了……可能你老伴知道我说的是真话,才……

〔老年时任道扑上去厮打。

老年夏小山　要文斗①,不要武斗。造反派还没打起来呢,我们牛鬼蛇神先打起来了。

〔老年卞、时二人愣住。老年卞从周走到门口开门。

老年夏小山　你去哪儿?

老年卞从周　回家。

老年夏小山　你真的走?

老年卞从周　我不能和他待在一个屋里。

老年时任道　你走!

老年卞从周　我本来就要走。(对老年夏小山)你走不走?

---

① 文斗:与"武斗""牛鬼蛇神"等都是"文化大革命"时期特有的词汇。

专题问道

专题5 舞台你我他——现当代戏剧研习

老年夏小山 还是您先请吧!

〔二人在门槛前犹豫。

老年时任道 言而无信。

老年卞从周 此话怎讲。

老年时任道 是谁说过要留下来陪我?

老年卞从周 你不是嫌我是历史反革命吗?

老年时任道 你不是说你没有戴过帽子吗?

老年卞从周 (对夏小山)那你先回?帮我给家里捎个信。就说我还好,革命小将不武斗,饭尽饱吃,就是药快没了。

老年夏小山 (颓然坐下)还是再等等看吧……

〔沉默。

老年夏小山 我们三人好像确实在一起打过一次麻将。

老年时任道 是吧。

老年卞从周 我们为什么在一起打麻将?

老年夏小山 不记得。

老年时任道 再想。

老年夏小山 我都七十多了,你不能指望我什么都记得。

〔收光。

八

〔一九四三年,重庆,时任道家。

〔麻将牌都收拾到了盒子里。桌子上摆着几瓶酒。三人都微醺。

时任道 十年骑马上京华,银烛歌楼人似花。今日江头黄篾舫,满天风雨听琵琶。

夏小山 你还记得!

时任道 好诗。

夏小山 不觉已二十余载。

百年歌阕

中国现当代作家作品研习

时任道　那时梅庵①先生尚在。

夏小山　忆往年与王伯沆、黄季刚诸人或坐豁蒙楼茗话，或泛舟玄武湖，吹笛拍曲，陶然忘忧。如今家国破碎，故人离散，旧境如梦矣。

卞从周　楼之初似乎有出国的意思。

时任道　他出国？他出国能做什么？

夏小山　教外国人说中国话。

时任道　他那一口浙江官话，中国学生都听不懂，还去教外国人。

卞从周　学了一辈子中文，连外国人都教不了，不是很讽刺吗？

时任道　我研究了半辈子《史记》，仍看不清今日之乱象，研究有什么用呢？

卞从周　做一物质上的乞丐，精神上的贵族。

夏小山　你是物质上的乞丐，我等岂不是物质上的饿殍。

卞从周　我家那个样子，和乞丐窝没两样。我太太做的菜。那真是，太下饭了。不把卖盐的打死誓不罢休。

夏小山　我就没听你说过你太太一句好话。

卞从周　好话是留在家里说的。

夏小山　任道，这点你应该向彦先学学。

时任道　吵惯了，说好话反而怪。

卞从周　时太太的手艺真不错。我以前只知道时太太的伊府面做得好，没想到青菜豆腐也能做得如此不俗。你有口福。

时任道　你听谁说她会做伊府面的？

卞从周　我吃过。上次时太太送了不少，还剩一些存着没吃完呢。

时任道　景园！

　　〔时太太上。

时任道　下次也给小山送点伊府面。

时太太　怎么？

---

① 梅庵：李瑞清（1867—1920），字仲麟，号梅庵。他与王伯沆、黄季刚（黄侃）均是民国国学大师。

专题问道

专题5 舞台你我他——现当代戏剧研习

夏小山　我还没吃过呢,时太太,不能只便宜了卞彦先啊。

时太太　夏先生什么没吃过。明天我做一些给您送去。

时任道　你怎么只给卞家送面呢?

时太太　卞太太平时帮了我们家许多忙,我做点面谢谢人家。

时任道　是吗?

卞从周　谢什么,应该的。

时任道　我都很久没吃了。你也不留点给我。

时太太　你不是不喜欢吃吗?

时任道　我什么时候说不喜欢吃了。

夏小山　明天时太太做了,一半给我,一半留给任道不就是了。

卞从周　吃了人家的面,可是要帮人家忙的。

夏小山　有了面,要帮什么忙只管说。只要不向我借钱。

卞从周　还真是借钱。

时太太　卞先生!

时任道　借钱?

卞从周　(笑)开个玩笑。

时任道　(对时太太)你借钱了?你向他借钱了?

卞从周　几块钱应应急的。

时任道　借过多少?

时太太　没有多少。

卞从周　都还了。

时任道　拿面还的?

时太太　你说拿什么还?

时任道　你……

时太太　就是今天这顿饭的钱还是从卞家借的呢。

时任道　景园,你还有多少事瞒着我?

〔沉默。

百年歌阕
中国现当代作家作品研习

夏小山 （对时任道）当年我们在女高师教课的时候,你准备回东南大学。一天,你过来找我,说:"三年来,我很少还乡,家中妻子,未及兼顾。近日东南大学寄来聘书,我考虑再三,踌躇不决。继思何不效古人记妻寄子法。"我大吃一惊,以为你要将妻子托付于我,我想我们虽然都是两江师范学堂的毕业,可我们相识才一年,你就将妻子托付于我,我如何担当得起。后来才知道你是要将女高师的学生托付给我,要我替你给她们上课。哈哈哈……

卞从周 这也是一段佳话呀。人就应互帮互助。内人愚拙,以后还要多向时太太讨教。

时任道 卞先生还帮了你什么忙?今天一并说了。我日后也好还他的人情。

卞从周 时先生,等书运过来,可不能藏着,我们都要赏看的。

时任道 （对时太太）这封信是不是他在我之前已经读过了?

卞从周 没有。

时太太 是的。

时任道 我明白了。

时太太 我不能一直看着你这个样子啊。我什么办法都想过了。

时任道 你上了人家的当了,我们上了人家的当了。你诈胡!

卞从周 我也是为了帮你。

时任道 帮我还是帮老蒋!

卞从周 我希望与时先生结交,希望蒋校长为中大谋利,有错吗?

时任道 我不想和你结交。我一个人也耽误不了老蒋为中大谋利。

卞从周 可是能帮你把书保住。

夏小山 这就是你的不是了。你既然吃了人家的伊府面,想帮他,就帮到底,何必逼他赴宴。你明知道任道反蒋。

卞从周 就因为他反蒋,我才更希望他们接触接触。

时任道 那对小山呢?为了把他拉去赴宴,还在席上安排什么金华火腿。

卞从周 不是我安排的。谁不知道他好吃?

夏小山 我不是为了吃火腿。

卞从周 不是为了吃火腿?蒋校长、蒋院长、蒋委员长、蒋总裁、蒋总司令,有区别吗?你

专题问道

专题5　舞台你我他——现当代戏剧研习

一不是政府高官，二不是前线将领，他请你吃饭干什么？

夏小山　我不承认他是校长。

时任道　就因为你放出话来，说"不承认蒋介石是校长"，后来想去吃火腿，又怕没面子，才说什么如果院长、委员长请客就去的话。

夏小山　怎么都冲着我来了？我又没得罪你们。

时太太　到此为止吧，都喝多了。

卞从周　（对时任道）你还说我们好面子。你是这里最好面子的。你不给蒋公面子，蒋公就不给你面子！世道就是这样，要做成事就要豁得出面子。

时任道　我还就不给他面子了。你们都顾及自己的面子，我为什么不能顾及我的面子？我的面子比天大。我的书，你们谁能弄过来就归谁。我不要了。人亡弓，人得之，何足道！① 何足道！

夏小山　他是真的？

卞从周　真的假的？

时太太　他开玩笑的。

〔时任道家灯暗。老年夏、时、卞上。

老年时任道　天真热。

老年卞从周　比昨天还热。

老年时任道　越来越热。

〔时任道家灯亮。夏小山站着清唱昆曲《长生殿·弹词》中的"一枝花"。

夏小山　（唱）不提防余年值乱离，逼拶②得歧路遭穷败。

老年夏小山　（唱）受奔波风尘颜面黑，叹雕残霜雪鬓须白。今日个流落天涯，只留得琵琶在！

---

① 出自李清照《金石录后序》，此句化用典故。汉·刘向《说苑·至公》里记载了一则小故事："楚共王出猎而遗其弓，左右请求之。共王曰：'止！楚人遗弓，楚人得之，又何求焉？'"

② 拶（zā）：逼迫。

◎ **我思我在**

1. 尽管创作本剧时温方伊还是大三的学生,但是我们能真切地感受到她"文白相济"的语言功底。试找出文中相应的台词细细品味。

2. 蒋公的"面子"折射出时任道、夏小山、卞从周三位大学教授不同的"里子"。温方伊评价自己剧中的三个人物:"(   )的傲气在骨子里,(   )的傲气在心里,(   )的傲气在肚里。"请你根据选文判断括号中应该填入的相应人物。

3. 蒋介石邀请三位大学教授赴宴,这对他们来说,应该是人生中非常重要的一段经历。究竟谁赴蒋公的宴了?为什么他们三人的记忆会出现偏差,互相矛盾呢?

※ **实践笃行**

小舞厅　大上海
——《日出》课堂品演活动

情境创设

电视剧《麻雀》的开始与结束都设定在上海"米高梅"舞厅。这是以民国为背景的电影、电视的一大特点:很少避开风起云涌、风云变幻的上海,很少避开十里洋场繁华代表地——舞厅。"小舞厅"就是一个"大世界",无论是现实中的百乐门、仙乐宫,还是小说中虚构的。曹禺《日出》就是这样一部戏,其主人公陈白露是大上海的一个舞女。学了课本上的《雷雨》之后,同学们决定走进《日出》,从这个"小舞厅"去欣赏曹禺先生创造的那个"大上海"。

活动准备

1. 阅读《上海社交舞厅及其舞蹈活动:以百乐门为例》一文,了解当时上海社交舞厅的状况和歌舞女的活动情况。

2. 认真阅读《日出》剧本,深入思考陈白露的人物性格。

专 题 问 道

专题5　舞台你我他——现当代戏剧研习

3. 利用学校的舞蹈教室布置一个简单的舞厅(分舞池和吧台两个区域),准备民国时期的流行音乐《夜上海》《天涯歌女》等,以及谢飞导演的电视剧《日出》的相关视频资料。

4. 观看相关的影视资料,了解各个导演对《日出》进行的不同改编。自由组合,分成4组,相互配合完成相应活动。

活动过程

环节一　"靡靡之音"《夜上海》

活动开始前循环播放《夜上海》三次,跟随《夜上海》的旋律,在简单布置的舞厅中感受民国风情,进入表演情境。

主持人:听着这样的音乐,我们似乎穿越了百年,来到了十里洋场的百乐门。这首曲子大家不常听,却很熟悉。因为在以民国为背景的影视作品中,经常会出现这样的旋律。这是当时家喻户晓的歌星周旋演唱的名曲,是那个时代的流行歌曲。

听着这样的音乐你会想到什么?李易峰、周冬雨(谍战剧《麻雀》的主演),王凯、胡歌(谍战剧《伪装者》的主演),还是其他一些明星?"只见她/笑脸迎/谁知她内心苦闷/夜生活/都为了/衣食住行",听着这些歌词,大家有没有想到那些外表光鲜亮丽的歌舞女呢?在影视剧中,她们通常是作为"人肉背景"存在;而在现实生活中,她们背负着生活的重担,经历着各种不如意的人生:

在这么多的舞女之中,各人有各人的地位,各人有各人的家庭环境……但是其中有一点是可以相信得过,若不是为了家贫,谁愿意以一个清白的少女之身,去供人搂抱呢?这无非是为生活的皮鞭所驱使,忍痛牺牲而已,同时,你也要知道,除丧尽天良,自甘堕落的舞女,对于供人搂抱的生活,是没有一个不厌恨,希望早日脱离火坑的。(《上海社交舞厅及其舞蹈活动:以百乐门为例》)

你愿意接近这样的小人物,了解这样的小人物吗?如果你是民国上海《申报》的记者,采访几个舞女为什么会从事该职业,你会有什么问题要问呢?如果你是百乐门的舞女,你会给出怎样的回答?让我们穿越到民国,来看一场采访。

环节二 时空穿越识舞女

播放《玫瑰玫瑰我爱你》，在明快轻松的音乐旋律中完成采访对话表演。采访基本形式：一个人扮演记者，另一个人扮演歌舞女。

小组 A 的采访记录：

我是来自日本的舞女。上海也有我们国家的舞厅，不过舞厅抽成太多了，不如百乐门好。而且百乐门的经理似乎非常欢迎异国的舞蹈者。在我看来，跳舞只是一种职业，和其他职业没有什么区别。在百乐门，我教会了不少上海公子小姐跳舞，陆小曼也曾是我的学生呢，她现在风靡上海。有时我真不懂你们中国人的思维，一面看不起这样的职业，在报纸上批判它伤风败俗；另一面，你看，一到夜晚这百乐门的人如过江之鲫，那些批判得最厉害的记者，在这里玩得最高兴呢。

小组 B 的采访记录：

谁会喜欢这样的职业呢？我来自嘉定乡下，父亲前年去世了，母亲身体一直不好，家里还有三个弟弟，两个妹妹。为了照顾家里，我来到大城市想要找份工作，可我一个姑娘家，没有多少力气，又不识字，有谁要我呢？难得找到一份工作，可工钱也只有一点点，远远解决不了一家人的吃饭问题。后来在大街上遇到同村的一个姐姐，看她穿得光鲜亮丽，我让她帮帮我。谁知道她给我介绍的是这份职业，虽然挣的钱多，可这名声，乡下的明子哥知道后还会娶我吗？

小组 C 的采访记录：

我喜欢这样的职业吗？我不知道。我从正经的大学毕业，我的知识能给我找一份不错的职业。我也不知道我为什么会沉迷于这个地方。或许在这里有很多人捧着自己，只要自己想要，就会有人送来美酒让我喝，钞票让我花。离开了这个地方，到哪里还能这样轻松自在呢？但是我实在厌倦了这里。每天得挂着笑容，无论开心还是不开心。我现在都不知道真正的笑是怎样的了。你说，我该怎么办呢？

环节三 他演我说唱双簧

主持人：中国著名导演谢飞曾将《日出》剧本拍摄成为 23 集电视剧，由影星徐帆（饰陈白露）、斯琴高娃（饰顾八奶奶）等主演。其中第 7 集有 4 分钟左右的时间（28—32 分），是陈白露在舞厅的表演。我们先看看这些演员是怎么演的，特别是

专题问道

专题5 舞台你我他——现当代戏剧研习

表演时说话的腔调。然后有请第四组同学进行配音,其他三个小组对其进行评价。

台词如下:

舞女一: 白露,你走了以后,哈曼斯可冷清了不少。

陈白露: 王小姐他们呢?

舞女一: 走了,好几个都走了。

陈白露:(对方达生说)你会跳舞吗?

方达生: 我不会。

陈白露: 那喝酒吧。

舞女一: 你看吴小姐。上个月孙大帅死了,昨天她又回来坐台了。

舞男一: 我们的大明星,好久不见了。我可以请你跳支舞吗?

方达生:(示意陈白露)请吧。

舞女一: 您的这位同学啊,现在可是红得发紫。她攀上了大丰银行的潘经理。现在还不是要什么有什么。

舞男二: 小姐,请你跳个舞,可以吗?

舞女一: 那我去跳舞了啊。

吴小姐: 先生,可以吗?

吴小姐: 先生不跳舞吗?

方达生: 不会。

吴小姐: 我来教你,一会就会了。

方达生: 谢谢,不用。

吴小姐: 先生是陈小姐的朋友?

方达生: 是的。

吴小姐: 可以抽支烟吗?

方达生: 您随便。

吴小姐: 干我们这一行的,谁不想走红啊。出人头地,做姨太太,当明星。再做高等交际花。可谁又会想到,今天爬得越高,明天就会跌得越惨呢?

舞女一和陈白露进行对话时,应该要有非常羡慕的语气,因为陈白露此时正是当红的舞女。方达生是个斯文的读书人,配音时语气应该显得非常谦逊。吴小姐刚刚被人抛弃,内心有一股怨气,对当红的陈白露有嫉妒之心,配音要能展现出这两点。

环节四　入境入情续剧本

主持人:第四组同学和电视剧演员的配音各具风情。我们课前观看了一些影视资料,从中可以发现:每个导演对同一剧本都有不同的思考与诠释。其实,我们也可以有自己的想法,也可以尝试将自己的想法写出来。陈白露曾经有过诗人身份的丈夫,根据剧本的叙述,她的丈夫是从舞厅将陈白露带走了。这一段内容,曹禺先生并没有在《日出》剧本中表现出来。那么,当时两人之间会发生什么呢?我们一起来想一想,写一写,演一演。

示例:

陈白露:您又来啦,大诗人,今天想献给我什么动人的诗篇呢?

诗　　人:白露,我决定了,我要带你离开!

陈白露:带我离开?!

诗　　人:是的,我决定带你离开。

陈白露:(咯咯笑)"白露/我决定了/我要带你离开",大诗人,这是你今天要献给我的三行诗吗?

诗　　人:你还没明白吗?白露,我要带你离开。

陈白露:我明白,我听就明白了。你要带我离开。

诗　　人:是的,我要带你离开。你不属于这。

陈白露:那我属于哪?

诗　　人:你哪都不属于。你属于我。我是太阳,你是白露。只有你才能照见我的光芒,只有我才能显现你的晶莹。只要跟着我,你永远都会有光亮。

陈白露:是吗?

诗　　人:是的!我知道你也厌倦了这个污浊的地方。跟着我离开这!

陈白露:整个世界都是黑暗的,又能去哪呢?离开污浊的小坑,进入更加污秽的大坑吗?

诗　　人:我们去田园,闲适的生活会冲淡世界的污秽;我们去海边,广阔的大海会消解世

专题问道

专题5 舞台你我他——现当代戏剧研习

界的黑暗。走吧,白露!

环节五 《天涯歌女》感哀怨

演出结束后,播放《天涯歌女》,再次感受民国的旋律。

主持人:民国那个时代,国家动荡,"覆巢之下,焉有完卵",人民流离失所,那些弱小的女子更是命运坎坷。繁华的上海,舞厅内灯红酒绿,在这辉煌灯火之下,有多少歌舞女背井离乡,被迫与爱人分离,被迫干着世人皆厌弃、皆非议的行业。在《天涯歌女》这婉转凄凉的曲调、催人泪下的歌词中,我们体会到了歌舞女的辛酸与苦痛。

活动结束

短暂的课堂很快结束了,我们似乎依旧沉浸于民国的氛围中。课后还有很多活动等待着我们。我们需要将今天课堂上创作的内容形成文字资料保存,将表演进行完善,利用DV拍摄下来,传到网上,进行展示。

活动自检

活动阶段	活动细目	分值	自评
活动准备	① 阅读剧本《日出》及论文《上海社交舞厅及其舞蹈活动:以百乐门为例》	20分	
	② 观看视频资料	10分	
	③ 布置舞台场地	5分	
活动过程	① 采访活动表达得体,符合角色身份	10分	
	② 唱双簧,配音与原声腔调相近	10分	
	③ 情节改编,内容合情合理,表情有模有样	10分	
活动结束	① 完成自己的续写剧本创作	20分	
	② 尝试进行拍摄	10分	
	③ 整理舞台,将相关物品还原	5分	

专题 6

别有幽情生
——港台文学研习

学习目标

1. 初步掌握港台文学的风貌与流脉,尤其是其特色和价值,进而建构起"和而不同"的审美观。

2. 赏析港台文学各个阶段的名作,对重要作品、文学现象和文学潮流,有具体的了解。

3. 重视个人在文学作品阅读中的主观感受和理解,将自身的情感体验和独立见解融入对作品的赏析之中。

学习建议

香港和台湾,不只有流行歌曲、影视明星,也不只有武侠小说、言情小说,纯文学的园地同样群英荟萃:余光中、郑愁予、白先勇、洛夫、董桥……

港台文学,并不能简单地看作大陆文学的延伸和扩展。实际上,由于港台和大陆的社会发展状况不同,两者呈现出了很大的差异。我们需要重视港台文学,不仅因为它们有很多大陆文学不具备的特点,还因为有一批跟大陆作家风格完全不同,但成就丝毫不低的优秀作家。城市文学、现代主义、女性文学……港台文学以别样的景致,吸引着我们去欣赏领略。

1. 跟随自己兴趣。本专题选取了 7 位作家的代表作品,如果你对其中某位作家或某部作品特别感兴趣,不妨专门搜集相关作品,系统地读一读。如可以读余光中散文。

2. 重视内在体验。和伙伴们敞开心扉,畅谈文学。港台文学目前还没有受到评论界

专题问道

专题6 别有幽情生——港台文学研习

的充分关注,更适合采用"自由学习"的方式。和老师或者同伴聊聊对于早已成名的通俗作家的认识,如金庸、梁羽生等武侠小说家;或者比较引人关注的一些散文家、诗人,如林清玄、三毛、余光中、席慕蓉等。建议在阅读的同时用文字记录自己的阅读体会,做到读思结合。如读《中国在我墙上》,不妨随手做些旁批。

3. 运用多元视角。港台文学与大陆文学、外国文学之间有着千丝万缕的复杂关系。作家作品众多,许多文学现象尚无定论。尝试从多元视角赏读、评论作品,提升审美鉴赏能力。如可将本专题的诗歌与专题2的诗歌进行比较阅读。

※ 含英咀华

众荷喧哗[①]

洛 夫

> **导读:** 洛夫是台湾现代诗坛杰出和极具震撼力的诗人。对语言的锤炼,对意象的营造,以及善于从现实中发掘超现实的诗情,奠定了他独特的风格。其世界之广阔、思想之深致、表现手法之繁复多变,当代台湾诗坛上可能无出其右者。他的诗直探万物之本质,穷究生命之意义,给读者深刻的启迪。

众荷喧哗

而你是挨我最近

最静,最最温婉的一朵

要看,就看荷去吧

我就喜欢看你撑着一把碧油伞

从水中升起

[①] 选自《洛夫诗选》(九州出版社2012年版)。洛夫(1928—2018),原名莫洛夫,湖南衡阳人。毕业于淡江大学英文系。作品被译为英、法、日、韩等文字,代表作有《石室之死亡》《时间之伤》《漂木》等。

我向池心

轻轻扔过去一粒石子

你的脸

便哗然红了起来

惊起的

一只水鸟

如火焰般掠过对岸的柳枝

再靠近一些

只要再靠我近一点

便可听到

水珠在你掌心滴溜溜地转

你是喧哗的荷池中

一朵最最安静的

夕阳

蝉鸣依旧

依旧如你独立众荷中时的寂寂

我走了,走了一半又停住

等你

等你回头看我

◎ **我思我在**

1. "荷""夕阳""蝉"都是中国古典诗歌中经常出现的意象,洛夫的这首《众荷喧哗》却赋予这些意象以全新的内涵,试具体分析。

2. 请用简要的话语概括诗歌所记录的情感变化。

专题问道

专题6 别有幽情生——港台文学研习

3.请说说本诗是如何运用对比手法来塑造女主人公形象的。

生　命①

郑愁予

导读：郑愁予思维敏捷，感慨殊深，融合古今体悟，汲取国内外经验，创作力充沛。他的诗婉约犹如李商隐，但豪放起来酷似李白，处处流淌着古典韵味，以优美、潇洒、富有抒情韵味著称。其意象多变，温柔华美，自成风格。

滑落过长空的下坡，我是熄了灯的流星

正乘夜雨的微凉，赶一程赴赌的路

待投掷的生命如雨点，在湖上激起一夜的迷雾

够了，生命如此的短，竟短得如此的华美！

偶然间，我是胜了，造物自迷于锦绣的设局

毕竟是日子如针，曳着先浓后淡的彩线

起落的十指之间，反绣出我偏傲的明暗

算了，生命如此之速，竟速得如此之宁静！

◎ **我思我在**

1.这是一首富于哲理的小诗，请用简明的语言概括你从诗中体悟到的有关"生命"的哲理。

---

① 选自《郑愁予的诗》（江苏凤凰文艺出版社2016年版）。郑愁予（1933—　），原名郑文韬，祖籍河北，生于山东。1949年随父亲到台湾，1954年考入台湾中兴大学法商学院，后来长期在美国耶鲁大学任教，是台湾诗歌现代派的中坚力量。代表作有《错误》《梦土上》《衣钵》等。

2. 郑愁予因善于利用中国传统诗歌资源而被称为"中国的中国诗人"。试从这首诗中找出一两个例子谈谈诗人是如何化用传统诗歌资源的。

3. 诗歌特别讲究语言的凝练，几乎不能容忍一个多余的衬字，可这首不长的诗歌中先后出现了四个"了"。你能说说它们在表情达意上的功能吗？

中国在我墙上[①]

王鼎钧

> **导读**：离开大陆那年王鼎钧才25岁，在台湾一住30年，美国又住了30多年。虽住在美国大都会纽约，但他天天"心怀两地"——台湾与大陆。如果我们称余光中为"乡愁诗人"，那么王鼎钧配得上"乡愁散文家"的美称。他对乡愁有着独特的理解："乡愁是美学，不是经济学。思乡不需要奖赏，也用不着和别人竞赛。"且让我们跟随他的文字去感受那独特的乡愁吧。

你用了三页信纸谈祖国山川，我花了一个上午的工夫读中国全图。中国在我眼底；中国在我墙上。山东仍然像骆驼头，湖北仍然像青蛙，甘肃仍然像哑铃，海南岛仍然像鸟蛋。外蒙古这沉沉下垂的庞然大胃，把内蒙古这条横结肠压弯了，把宁夏挤成一个梨核。经过鲸吞以后，中国早已不像秋海棠的叶子。第一个拿秋海棠的叶子作比喻的人是谁？他是不是贫血、胃酸过多而且严重失眠？他使用的意象为什么这样纤弱？我从小就觉得这个比喻不吉利。我太迷信了吗？

我花了整整一个上午。正看反看，横看竖看，看疆界道路山脉河流，看五千年，看十亿人。中国，蚌壳一样的中国，汉瓦一样的中国，电子线路板一样的中国。中国啊，

[①] 节选自《左心房漩涡》（生活·读书·新知三联书店2013年版）。王鼎钧（1925—　），山东兰陵人。抗战末期初中毕业即辍学从军，1949年去台湾，1979应聘至美国大学任教，后定居纽约。代表作有《情人眼》《碎琉璃》等。

专题问道

专题6 别有幽情生——港台文学研习

你这起皱的老脸,流泪的苦脸,硝镪水蚀过、文身术污染过的脸啊,谁够资格来替你看相,看你的天庭、印堂、沟洫①、法令纹,为你断未来一个世纪的休咎②?咳,我实在有些迷信。

地图是一种缩地术,也是一种障眼法。城市怎能是一个黑点,河流怎能是一根发丝,湖泊怎会是淡淡的蛙痕,山岳怎会是深色的水渍。太多的遮掩,太多的欺瞒。地图使人骄傲,自以为与地球对等,于是膨胀自己,放大土地,把山垫高,把海挖深,俨然按图施工的盘古。每一个黑点都放大,放大,放大到透明无色,天朗气清,露出里巷门牌,让寻人者一瞥看清。出了门才知道自己渺小,过一条马路都心惊肉跳。这个上午我沉默,中国也沉默,我忙碌,中国稳坐不动,任我神游,等我精疲力竭。

现在,在我眼前,中国是一幅画。我在寻思我怎么从画中掉出来。一千年前有个预言家说,地是方的,你只要一直走,一直走,就会掉下去。哥伦布不能证实的,由我应验了。看我走过的那些路!比例尺为证,脚印为证。披星戴月,忍饥耐饿,风打头雨打脸,走得仙人掌的骨髓枯竭,太阳内出血,驼掌变薄。那些里程、那些里程呀,连接起来比赤道还长,可是没发现好望角。一直走,一直走,走得汽车也得了心绞痛。

我实在太累,实在希望静止,我羡慕深山里的那些树。走走走,即使重走一遍,童年也不可能在那一头等我。走走走,还不是看冬换了动物,夏换了植物,看最后的玫瑰最先的菊花,听最后的雁最先的纺织娘。四十年可以将人变鬼、将河变路、将芙蓉花变断肠草。四十年一阵风过,断线的风筝沿河而下,小成一粒沙子,使我的眼红肿。水不为沉舟永远荡漾,漩涡合闭,真相沉埋,千帆驶过。我实在太累、太累。

说到树,那天在公园里我心中一动。蟒蛇一样的根,铁柱石雕一样的根,占领土地,竖立旗帜。树不用寻根,它的根下入泉壤,上见青云,树即根、根即树。除非砍伐肢解,花果飘零,躯干进锯木厂,残枝堆在灶石。那时根又从何寻起,即使寻到了根,根也难救。

我坐对那些树,欣赏他们的自尊自信,很想问他们:生在这里有抱怨没有?想生在

---

① 沟洫(xù):田间的水道、沟渠。
② 休咎:吉凶。

山顶和明月握手？想生在水边看自己轮回？讨厌、还是喜欢树上那一伙麻雀？讨厌、还是喜欢树下那盏灯？如何在此成苗？如何从牛蹄的甲缝里活过来？何时学会垄断阳光杀死闲草？何时学会高举双臂贿赂上帝？谁是你的祖先？谁是你的子孙？

湖边还参差着老柳。这些柳,春天用它的嫩黄感动我,夏天用它的婀娜感动我,秋天用它的萧条感动我。它们和当年那些令我想起你的发丝来的垂柳同一族类。它们在这里以足够的时间完成自己,亭亭拂拂,如曳杖而行,如持笏而立,如伞如盖,如泉如瀑,如须如髯,如烟如雨。老家的那些柳树却全变成一个个坑洞。它们只不过是柳树罢了,树中最柔和的,只不过藏几只乌鸦泼一片浓荫罢了！

你很难领会我的意思。我们都是人海的潜泳者,隔了一大段时间才冒出水面,谁也不知道对方在水底干些什么。在人们的猜疑编造声中,我们都想凭一张药方治对方的百病。我怎能为了到峨眉山上看猴子而回去。泰山日出怎能治疗怀乡。假洋鬼子只称道长城和故宫,一个真正的中国人,他的梦里到底有些什么？还剩下几件？中国,伟大的中国,黄河九次改道的中国,包容世界第二大沙漠的中国,却不肯给我母亲一抔土。我不能以故乡为墓,我没有那么大；我也不能说坟墓是一种奢侈品,我没有那么小。我哪有心情去看十三陵。

《旧约》里面有一段话：生有时,死有时；聚有时,散有时。你看,我的确很迷信。

◎ **我思我在**

1. 我们经常说"祖国在我心里",可作者却说"中国在我墙上",你觉得这个标题有何作用？

2. 作者内心对祖国充满眷恋,可他笔下的中国并不那么美好。该如何理解"中国啊,你这起皱的老脸,流泪的苦脸,硝镪水蚀过、文身术污染过的脸啊"这样的句子在文中的表达作用？

3. 王鼎钧先生曾说："我写文章追求尽物之性,尽己之性。走尽天涯,洗尽铅华,拣尽寒枝,漏声有尽,我言有尽而意无穷。"作者在文中借对"那些树的羡慕",表达了怎样的无穷之意？

专题问道

专题6　别有幽情生——港台文学研习

猛虎和蔷薇①

余光中

> **导读**：读余光中的散文，对于爱好古典文学的人来说，常有会心，时而颔首；对于发蒙于新文学的青年来说，则知、美兼得，受益匪浅。他的散文追求多元的弹性，语言文白互补，句法长短相济。他十分注意词语的音韵美，化古为新，别具一格。余光中学识渊博，常用典故来增强文章的思想深度，让文章更显含蓄、深沉。

英国当代诗人西格夫里·萨松曾写过一行不朽的警句：In me the tiger sniffs the rose。译成中文，便是："我心里有猛虎在细嗅蔷薇。"

如果一行诗句可以代表一种诗派，我就愿举这行诗为象征诗派艺术的代表。每次念及，我不禁想起法国现代画家昂利·卢梭的杰作"沉睡的吉普赛人"。假使卢梭当日所画的不是雄狮逼视着梦中的浪子，而是猛虎在细嗅含苞的蔷薇，我相信，这幅画同样会成为杰作。惜乎卢梭逝世，而萨松尚未成名。

我说这行诗是象征诗派的代表，因为它具体而又微妙地表现出许多哲学家所无法说清的话；它表现出人性里两种相对的本质，但同时更表现出那两种相对的本质的调和。假使他把原诗写成了"我心里有猛虎雄踞在花旁"，那就会显得呆笨，死板，徒然加强了人性的内在矛盾。只有原诗才算恰到好处，因为猛虎象征人性的一方面，蔷薇象征人性的另一面，而"细嗅"刚刚象征着两者的关系，两者的调和与统一。

原来人性含有两面：其一是男性的，其一是女性的；其一如苍鹰，如飞瀑，如怒马；其一如夜莺，如静池，如驯羊。所谓雄伟和秀美，所谓外向和内向，所谓戏剧型的和图画型的，所谓戴奥尼苏斯艺术和阿波罗艺术，所谓"金刚怒目，菩萨低眉"，所谓"静如处女，动如脱兔"，所谓"骏马秋风冀北，杏花春雨江南"，所谓"杨柳岸，晓风残月"和"大江东去"，

---

① 节选自《余光中精选集》（北京燕山出版社2016年版）。余光中（1928—2017），出生于南京，诗人、散文家。1949年随父母迁香港，1950年赴台。代表作有《白玉苦瓜》《记忆像铁轨一样长》等。

一句话，姚姬传所谓的阳刚和阴柔，都无非是这两种气质的注脚。两者粗看若相反，实则乃相成。实际上每个人多多少少都兼有这两种气质，只是比例不同而已。

东坡有幕士，尝谓柳永词只合十七八女郎，执红牙板，歌"杨柳岸，晓风残月"；东坡词须关西大汉，铜琵琶，铁绰板，唱"大江东去"。东坡为之"绝倒"。他显然因此种阳刚和阴柔之分而感到自豪。其实东坡之词何尝都是"大江东去"？"笑渐不闻声渐杳，多情却被无情恼"；"绣帘开，一点明月窥人"；这些词句，恐怕也只合十七八女郎曼声低唱吧？而柳永的词句："长安古道马迟迟，高柳乱蝉嘶"，以及"渡万壑千岩，越溪深处。怒涛渐息，樵风乍起；更闻商旅相呼，片帆高举。"又是何等境界！就是晓风残月的上半阕那一句"暮霭沉沉楚天阔"，谁能说它竟是阴柔？他如王维以清淡胜，却写过"一身转战三千里，一剑曾当百万师"的诗句；辛弃疾以沉雄胜，却写过"罗帐灯昏，哽咽梦中语"的词句。再如浪漫诗人济慈和雪莱，无疑地都是阴柔的了。可是清啭的夜莺也曾唱过："或是像精壮的科德慈，怒着鹰眼，凝视在太平洋上。"就是在那阴柔到了极点的《夜莺曲》里，也还有这样的句子："同样的歌声时常——迷住了神怪的长窗——那荒僻妖土的长窗——俯临在惊险的海上。"至于那只云雀，他那《西风歌》里所蕴藏的力量，简直是排山倒海，雷霆万钧！还有那一首十四行诗《阿西曼地亚斯》除了表现艺术不朽的思想不说，只其气象之伟大，魄力之雄浑，已可匹敌太白的"西风残照，汉家陵阙"。

也就是因为人性里面，多多少少地含有这相对的两种气质，许多人才能够欣赏和自己气质不尽相同，甚至大不相同的人。例如在英国，华兹华斯欣赏弥尔顿；拜伦欣赏蒲柏；夏绿蒂·勃朗特欣赏萨克雷；司各特欣赏简·奥斯丁；斯温伯恩欣赏兰多；兰多欣赏布朗宁。在我国，辛弃疾欣赏李清照也是一个最好的例子。

但是平时为什么我们提起一个人，就觉得他是阳刚，而提起另一个人，又觉得他是阴柔呢？这是因为各人心里的猛虎和蔷薇所成的形势不同。有人的心原是虎穴，穴口的几朵蔷薇免不了猛虎的践踏；有人的心原是花园，园中的猛虎不免给那一片香潮醉倒。所以前者气质近于阳刚，而后者气质近于阴柔。然而踏碎了的蔷薇犹能盛开，醉倒了的猛虎有时醒来。所以霸王有时悲歌，弱女有时杀贼；梅村，子山晚作悲凉，萨松在第一次大战后出版了低调的《心旅》。

"我心里有猛虎在细嗅蔷薇。"人生原是战场，有猛虎才能在逆流里立定脚跟，在逆风里把

专题问道

专题6 别有幽情生——港台文学研习

握方向,做暴风雨中的海燕,做不改颜色的孤星。有猛虎,才能创作慷慨悲歌的英雄事业;涵蕴耿介拔俗的志士胸怀,才能做到孟郊所谓的"镜破不改光,兰死不改香!"同时人生又是幽谷,有蔷薇才能烛隐显幽,体贴入微;有蔷薇才能看到苍蝇搓脚、蜘蛛吐丝,才能听到暮色潜动,春草萌芽,才能做到"一沙一世界,一花一天国"。在人性的国度里,一只真正的猛虎应该能充分地欣赏蔷薇,而一朵真正的蔷薇也应该能充分地尊敬猛虎;微蔷薇,猛虎变成了菲力斯旦;微猛虎,蔷薇变成了懦夫。韩黎诗:"受尽了命运那巨棒的痛打,我的头在流血,但不曾垂下!"华兹华斯诗:"最微小的花朵对于我,能激起非泪水所能表现的深思。"完整的人生应该兼有这两种至高的境界。一个人到了这种境界,他能动也能静,能屈也能伸,能微笑也能痛哭,能像二十世纪人一样的复杂,也能像亚当夏娃一样的纯真,一句话,他心里已有猛虎在细嗅蔷薇。

◎ **我思我在**

1. 请反复诵读文章,举例说说作者在语言运用上的精妙之处。
2. 作为一篇散文,本文既有"感性",也有"理性"。请梳理出本文说理论证的层次。
3. 通过图书馆或网络,找到作者在本文中引用诗句的出处,并进一步理解作者引用的意图。

满抽屉的寂寞[①]

董 桥

> **导读:** 董桥文笔雄深雅健,兼有英国散文之渊博隽永与明清小品之情趣灵动,为当代中文书写另辟蹊径。有人说:"你不一定要读董桥,如果你不怀旧。你怀旧,一定要读董桥,字字句句都泛着岁月的风采。"这篇《满抽屉的寂寞》是董桥怀旧之作的典范,作品含蓄、蕴藉,温情脉脉,看似随意而作,可每一个细节都经得起品味和推敲。

[①] 选自《董桥散文》(浙江文艺出版社1996年版)。董桥(1942—),原名董存爵,福建泉州人,作家,长期在香港办报。代表作有《没有童谣的年代》《这一代的事》等。

百年歌阕
中国现当代作家作品研习

一

朋友谈天谈起徐訏先生的小说,谈起徐先生过世四年多了,谈起我没有写过纪念徐先生的文章。我说我尊敬的好几位前辈先后过世,我都写不出悼念文章。悼念文章不容易写;天下好文章都要有布局,一有布局,难免都有点造作,有点假;说文章写得"真",写得"情见乎词",其实意思是说文章布局好,假得好,造作得好,弄假成真。悼念的心情是真的,写出来恐怕失去真情,只剩美好得太厉害的辞藻,那就不好了。

我很清楚怎么样写的文章才是好文章,自己写文章一向求好求精,真怕为了"练"出一篇上好的悼念文章,自己对死者的真感情都给"练"死了。生平最怕读一些故意放下许多感情进去写的文章。感情真那么多、那么容易流露出来,这世界一定单纯得多了。写文章是智力的活动,不可太动感情;动了太多感情就不该写文章。我写文章一向冷静、用功,很辛苦;悼念一个人的时候很难同时冷静用功地去做这样辛苦的工作。

徐先生过世四年多了,"悼念"他的心情早已经平静下来了,剩下的是偶然对他的怀念。"悼念"是动态的;"怀念"是静态的。朋友交往好像也有动态静态之分;我和徐先生交往是"静态"的。

二

六十年代末期徐先生办《笔端》,我投了一篇稿子去,他来信约见面。第一次见面没谈什么,只记得他说杂志计划分期评价几位英美作家,要我试写一写。我当时没有固定职业,经济负担又重,一口答应他。这以后,我大概给《笔端》写了好几篇东西;徐先生很了解我,又介绍我在一家报纸上翻译小说,天天连载,增加收入。我们成了可以谈天的朋友。

有一次跟徐先生见面吃晚饭,他穿一件黑衬衫,打一条白领带,整齐、考究极了,我竟无端想起毛姆和毛姆的小说。徐先生小说的文字欧化得很流畅,很有风格;人物的意识形态也不带什么中国传统味道,动作、感情都有几分洋味儿;他写小说又喜欢用第一人称,读起来更像毛姆。那天我故意跟徐先生大谈毛姆,徐先生听了说:

"毛姆的东西我看得不多!"

说得实在技巧。徐先生的《江湖行》是很有中国乡土味道的小说。Lord David Cecil[①]

---

① Lord David Cecil:戴维·塞西尔,英国文学评论家。

专题问道

专题6 别有幽情生——港台文学研习

说毛姆的短篇小说都是很有功力的"故事",可是毛姆的创作想象力平平无奇,因此,毛姆始终不能运用自己的生活体验把读者带进一个"特殊的世界"里去。哈代笔下的 Dorset 村很像 Dorset 村,甚至比真的还要真;珍·奥斯汀写宴会漂亮得像一场真的宴会,可是完全是从作者眼中的宴会写宴会,所以比真宴会多了许多东西。徐先生的创作想象力可能不比毛姆高许多,但是,徐先生把眼中看到的中国社会中国人物想象成受西方思想影响的中国社会中国人物,他笔下的故事总是浮现出一种奇异的气氛,把中国读者带进一个"特殊的世界"里去。于是,在中国,一九四三年是徐訏年。《江湖行》的文字虽然干净,故事虽然动人,但是,徐訏在这本书里遗失了使徐訏成功的徐訏:徐訏走出了徐訏的天地,却找不到徐訏自己。可以在中国文学史上构成一个"整体的徐訏"的,仍然是《荒谬的英法海峡》《精神病患者的悲歌》《吉普赛的诱惑》《鬼恋》《风萧萧》《盲恋》等代表徐訏特殊的、西化的创作想象力的作品。

作家不要轻易走出自己苦心经营起来的天地。《江湖行》没有毁掉徐先生的既定地位,《江湖行》也没有提升徐先生的既定地位:《江湖行》成了徐訏的私生子,成了一本寂寞的书。

三

说寂寞,徐先生是很寂寞的。他从来不"老",可是他很"旧","旧"得很有趣,像一个堆满旧钢笔、旧信封、旧钱包、旧护照、旧打火机、旧照片的抽屉。他不太给人打电话,有事宁愿写信;长信短信都写得很清雅。喜欢用闲章,信纸上盖一枚"三不足斋"的红印。他当然不用圆珠笔,对钢笔笔头尤其挑剔,不然也不会画出那么别致的签名,他喜欢给自己的书设计封面,用亲笔抄写制版的"画眉篇"衬底。他写白话诗绝不辛苦,但读来有诗的味道,即使不分行也读得出是诗。他写的英文字很像欧洲文人的笔法,笔头粗,字形挺直,字体幼小,连着写几行特别好看。

徐先生心情既然那么"旧",晚年写的《忆人念事》文章越发清淡得到家。我总觉得他应该住在巴黎的旧客栈里,上半天躲在房间里写东西,中午到附近酒馆吃午饭,回去睡午觉,傍晚出去喝一杯开胃酒,吃晚饭,然后去听音乐,看歌剧,跟朋友在咖啡馆里聊天聊到半夜⋯⋯徐先生是典型的老作家,很 private,很喜欢打开窗子让街上的寂寞飘进自己的房间里来。徐先生的寂寞是他给他的人生刻意安排的一个情节,一个布局,结果弄假成真,很有感染力,像他的小说。作家是需要寂寞的滋润的:徐先生舍不得清理满抽屉的旧东西;这些东西现在是买不到了,也没人买,作家越来越少了。

◎ 我思我在

1. 作者说自己写文章一向"冷静、用功、很辛苦"。结合本文,谈谈作者是如何做到这一点的。

2. 作者说徐讦先生从来不"老",可是很"旧"。如何理解"老"与"旧"的差别?

3. 董桥曾经长期旅居海外,英文写作很熟练,他的中文写作也时不时会有英语单词蹿入。有人认为这样的文风会给汉语的纯净带来负面效应,你怎么看待这个问题?

思 旧 赋①

白先勇

> **导读:**《思旧赋》是白先勇的成名作《台北人》全集中最富诗意的一篇。白先勇的小说以描写细腻见长,他总能不动声色地把故事叙述完毕,悄悄隐没了自己,留下读者孤单垂泪。读他的小说,我们能感受到有如鲁迅文字的冷峻,但鲁迅有一颗火热的心,而白先勇大概连骨子里都是冷漠的。

一个冬日的黄昏,南京东路一百二十巷中李宅的门口,有一位老妇人停了下来,她抬起头,觑起眼睛,望着李宅那两扇朱漆剥落、已经沁出点点霉斑的桧木大门,出了半天的神。老妇人的背脊完全佝偻了,两片崚嶒的肩胛,高高耸起,把她那颗瘦小的头颅夹在中间;她前额上的毛发差不多脱落殆尽,只剩下脑后挂着一撮斑白的发髻。老妇人的身上,披着一件黑色粗绒线织成的宽松长外套,拖拖曳曳,垂到了她的膝盖上来。她的身躯已

---

① 选自《台北人》(作家出版社 2000 年版)。白先勇(1937—),出生于广西桂林,台湾当代著名作家。1948 年迁居香港,1952 年移居台湾。代表作有《台北人》《寂寞的十七岁》《纽约客》等。

专题问道

专题6 别有幽情生——港台文学研习

经干枯得只剩下一袭骨架,裹在身上的衣服,在风中吹得抖索索的。她的左手腕上,垂挂着一只黑布包袱。

李宅是整条巷子中唯一的旧屋,前后左右都起了新式的灰色公寓水泥高楼,把李宅这幢木板平房团团夹在当中。李宅的房子已经十分破烂,屋顶上瓦片残缺,参差的屋檐,缝中长出了一撮撮的野草来。大门柱上,那对玻璃门灯,右边一只碎掉了,上面空留着一个锈黑的铁座子。大门上端钉着的那块乌铜门牌,日子久了,磨出了亮光来,"李公馆"三个碑体字,清清楚楚的现在上面。老妇人伸出了她那只鸟爪般瘦棱的右手,在那两扇旧得开了裂的大门上,颤抖的摸索了片刻。她想去掀门上的电铃,但终于迟疑的缩了回来,抬起头,迷惘的环视了一下,然后蹒跚的离开了李宅大门,绕到房子后门去。

"罗伯娘——"

老妇人伫立在李宅后门厨房的那扇窗户底下,试探着叫了一声,她听见厨房里有人放水的声音。那扇幽暗的窗户里,倏地便探出了一只头来。那也是一个老妪,一头蓬乱的白发,仍然丰盛得像只白麻织成的网子一般;她的面庞滚圆肥大,一脸的苍斑皱纹,重重叠叠,像只晒得干硬的柚子壳;两个眼袋子乌黑的浮肿起来,把眼睛挤成了两条细缝;一双肥大的耳朵挂了下来,耳垂上穿吊着一对磨得泛了红的金耳环子。

"二姐,是我——顺恩嫂。"顺恩嫂佝着背仰起面叫道,她的声音尖细颤抖。

"老天爷!"罗伯娘便在里面粗着喉咙喊了起来,她的嗓门宏大响亮。接着一阵登登脚步声,顺恩嫂便看见罗伯娘打开了后门,摇摇摆摆,向她迎了过来。罗伯娘的身躯有顺恩嫂两倍那么庞大,她穿了一件粗蓝布棉袄,胸前一个大肚子挺得像只簸箕,腰上系得一块围裙,差不多拖到了脚背上。她踏着八字脚,走一步,大肚子便颤几下,那块长围裙也跟着很有节奏的波动起来。

"老妹子,"罗伯娘走出去,一把便搀住了顺恩嫂细瘦的膀子,扶住她往门内厨房中引去,"我的左眼皮跳了一天,原来却应在你身上!"

罗伯娘把顺恩嫂安置在厨房中的一张矮凳上,接过了她的包袱,然后端了一张凳子坐在她的对面。两个老妇人坐定后,罗伯娘朝着顺恩嫂叹了一口气,说道:

"老妹,我以为你再也不来看我们了。"

"二姐——"顺恩嫂赶忙乱摇了几下那双鸟爪般的瘦手止住罗伯娘,微带凄楚的叫了一声,"这种话,亏你老人家说得出来。离了公馆这些年,哪里过过一天硬朗的日子?老了,不中用了,身体不争气——"

"可是呢,老妹,"罗伯娘端详了顺恩嫂一下,"你的精神看着比前几年又短了些。近来血压可平服了?"

顺恩嫂摇了一摇瘦小的头颅,苦笑道:

"哪里还能有那种造化?在台南这几年,大半都是床上睡过去的。头晕,起不来。拖得七生那一家也可怜。"

"总算你有福气!"罗伯娘伸出肥大粗黑的手,拍了一下顺恩嫂的肩膀,"有个孝顺儿子送你的终。像我无儿无女,日后还不知道死在什么街头巷尾呢。"

"二姐——"顺恩嫂执住了罗伯娘的胖手,"你在公馆几十年,明日你上西天,长官小姐还能少得了你一副衣棺吗?"

罗伯娘挣脱了顺恩嫂的双手,瞅着她,点了几下头,隔了半晌,才长长的吁了一口气。

"老妹子,你这么久没有来,怨不得你不懂得我们这里的事儿了——"

顺恩嫂却颤巍巍的立了起来,把搁在灶台上她那双黑包袱打开,里面全是一个个雪白的大鸡蛋。

"七生媳妇养了几十只来亨鸡。这些双黄蛋是我特别挑来送给长官小姐他们吃的。二姐,你去替我到长官面前回一声,就说顺恩嫂来给长官老人家请安。"

"好大的鸡蛋!"罗伯娘拣了两个鸡蛋在耳边摇了两下。"你尽管搁着吧。长官不舒服,又犯了胃气,我刚服侍他吃了药睡下了,有一阵子等呢。"

"这次怎么我都挣扎着上来。我这把年纪,看得到他们一回算一回了。"顺恩嫂叹道。

"你早就该来看看他们喽——"罗伯娘身也没回便答道。她从碗柜里拿出一个饼干盒来,把那些鸡蛋小心翼翼的装进铁盒里去,随手她又拿起了灶台上那块碱,继续弯着身子吃力的磨洗起案台上的油腻来。顺恩嫂站在案台边的水槽旁,替罗伯娘把水槽中浸着的两块发了黑的抹布,搓了几下,取出来扭干。她一边扭,两只细弱的手臂在发抖。

"二姐——"顺恩嫂手里紧执着那两块抹布,若有所思地叫罗伯娘道,"夫人——"

"嗯?"罗伯娘鼓着腮帮子,喘吁吁的,磨得案台上都是灰卤卤的油腻水。

"夫人——她临终留下了什么话没有?"顺恩嫂悄声问道。

专题问道

专题6　别有幽情生——港台文学研习

罗伯娘停了一下,捞起围裙揩了一揩额上的汗水,闭上眼睛思索良久,才答道：

"我仿佛听见长官说,夫人进医院开刀,只醒过来一次,她喊了一句：'好冷。'便没有话了。"

"这就对了——"顺恩嫂频频的点着头,脸上顿时充满了悲戚的神色。罗伯娘却从她手里把那两块抹布一把截了过去,哗啦几下把案上的污水揩掉。

"二姐,你还记得我们南京清凉山那间公馆,花园里不是有许多牡丹花吗？"

"有什么记不得的？"罗伯娘哼哼了一下,挥了一挥手里的抹布,"红的、紫的——开得一园子！从前哪年春天,我们夫人不要在园子里摆酒请客,赏牡丹花哪？"

"一连三夜了,二姐,"顺恩嫂颤抖的声音突然变得凄楚起来,"我都梦见夫人,她站在那些牡丹花里头,直向我招手喊道：'顺恩嫂,顺恩嫂,快去拿件披风来给我,起风了。'前年夫人过世,我正病得发昏,连她老人家上山,我也没能来送,只烧了两个纸扎丫头给她老人家在那边使用,心里可是一直过意不去。这两年,夫人不在了,公馆里——"顺恩嫂说到这里就噎住了。

罗伯娘把两块抹布往水槽里猛一砸,两只手往腰上一叉,肚子挺得高高的,冷笑了一声,截断了顺恩嫂的话：

"公馆里吗？还不是靠我这个老不死的在这里硬撑？连'初七'还没做完,桂喜和小王便先勾搭着偷跑了,两个天杀的还把夫人一箱玉器盗得精光。"

"造孽啊——"顺恩嫂闭上了眼睛,咂着干瘪的嘴巴直摇头。

罗伯娘突然回过手去揪住她那一头白麻般的发尾子,拈起了案上一把明晃晃的菜刀,在砧板上狠命的砍了几下哼道：

"我天天在厨房里剁着砧板咒,咒那两个狼心狗肺的东西：'天打雷劈五鬼分尸。'桂喜还是我替夫人买来的呢,那个死丫头在这个屋里,绫罗绸缎,穿得还算少吗？小王是他老子王副官临死托给长官的,养了他整二十年,就是一只狗,主人没了,也懂得叫三声呀！我要看看,那两个天杀的心,到底是什么做的？"

顺恩嫂一直闭着眼睛,嘴里喃喃念念,瘦小的头颅前后晃荡着。

罗伯娘放下菜刀,直起身子,反过手去,在腰上扎实的捶了几下。

"桂喜和小王溜了不打紧,可就坑死了我这个老太婆。这一屋,里里外外,什么芝麻绿豆事不是我一把抓？清得里面来，又顾不得了外面。单收拾这间厨房，险些没累断了我的腰。"

罗伯娘说着又在腰上捶了几下，顺恩嫂走过来，捧起了罗伯娘那双磨起老茧的胖手。

"算你疼惜他们，二姐，日后小姐出嫁，再接你去做老太君吧。"

"我的老太太！"罗伯娘摔开了顺恩嫂的手叫道，"你老人家说得好，可惜我没得那种命，小姐？"罗伯娘冷笑了一声，双手又叉到腰上去，肚子挺得高高的。

"我实对你说了吧，老妹。今年年头，小姐和一个有老婆的男人搞上了，搞大了肚子，和长官吵着就要出去，长官当场打得她贼死，脸都打肿了。那个女孩子好狠，眼泪也没一滴，她对长官说：'爸爸，你答应，我也要出去；不答应，我也要出去，你只当没有生过我这个女儿就是了。'说完，头也没回便走了。上个月我还在东门市场看见她提着菜篮，大起个肚子，蓬头散发的，见了我，低起头，红着眼皮，叫了我一声：'嬷嬷。'一个官家小姐，那副模样，连我的脸也短了一截。"

"造孽啊——"顺恩嫂又十分凄楚的叫了起来。

"我们这里的事比不得从前了，老妹，"罗伯娘摇动着一头的头发，"长官这两年也脱了形，小姐一走，他气得便要出家，到基隆庙里当和尚去。他的那些旧部下天天都来劝他。有一天，我看着闹得不像样子，便走进客厅里，先跑到夫人遗像面前，跪下去磕了三个响头，才站起来对长官说道：'长官，我跟着夫人到长官公馆来，前后也有三十多年了。长官一家，轰轰烈烈的日子，我们都见过。现在死的死，散的散，莫说长官老人家难过，我们做下人的也是心酸。小姐不争气，长官要出家，我们也不敢阻拦。只是一件事：我已经七十多岁了，一半早进了棺材，长官一走，留下少爷一个人，这副担子，我可扛不动了。'长官听了我这番话，顿了一顿脚，才不出声了。"

"二姐，你说什么？少爷——他从外国回来了吗？"顺恩嫂伸出她那双鸟爪般的瘦手，颤抖抖的抓住了罗伯娘的膀子，嗫嚅的问道。

罗伯娘定定的瞅着顺恩嫂半晌，才点着头说：

"老妹子，可怜你真的病昏了。"

"二姐——"顺恩嫂低低的叫了一声。罗伯娘也没答理，她径自摆脱了顺恩嫂的手，把腰上的围裙卸下来，将脸上的油汗乱揩了一阵，然后走过去，把放在米缸上淘干净的一

专题问道

专题 6　别有幽情生——港台文学研习

锅米,加上水,搁到煤球炉上,才转过身来对顺恩嫂说道:

"他是你奶大的,你总算拉扯过他一场,我带你去看看吧。"

罗伯娘挽了顺恩嫂,步出厨房,往院中走去。院子的小石径上,生满了苍苔,两个老妇人,互相扶持着,十分蹒跚。石径两旁的蒿草,抽发得齐了腰,非常沃蔓,一根根肥大的茎秆间,结了许多蛛网,网上粘满了虫尸。罗伯娘一行走着,一行用手拨开斜侵到径上来的蒿草,让顺恩嫂通过去。当罗伯娘引着顺恩嫂走到石径的尽头时,顺恩嫂才赫然发现,蒿草丛后面的一张纹石圆凳上,竟端坐着一个胖大的男人,蒿草的茎叶冒过了他的头,把他遮住了。他的头顶上空,一群密密匝匝的蚊蚋正在绕着圈子飞。胖男人的身上,裹缠着一件臃肿灰旧的呢大衣,大衣的纽扣脱得只剩下了一粒。他的肚子像只塞满了泥沙的麻包袋,胀凸到了大衣外面来,他那条裤子的拉链,掉下了一半,露出了里面一束底裤的带子。他脱了鞋袜,一双胖秃秃的大脚,齐齐的合并着,搁在泥地上,冻得红通通的。他的头颅也十分胖大,一头焦黄干枯的短发,差不多脱落尽了,露出了粉红的嫩头皮来。脸上两团痴肥的腮帮子,松弛下垂,把他一径半张着的大嘴,扯成了一把弯弓。胖男人的手中,正抓着一把发了花的野草在逗玩,野草的白絮子洒得他一身。

罗伯娘挽着顺恩嫂,一直把她引到了胖男人的眼前。顺恩嫂佝着腰,面对着那个胖男人,端详了半晌。

"少爷——"顺恩嫂悄悄的叫了一声。胖男人张着空洞失神的眼睛,怔忡的望着顺恩嫂,脸上一点表情也没有。

"少爷,我是顺恩嫂。"顺恩嫂又凑近了一步,在胖男人的耳边轻轻叫道。胖男人偏过头去,瞪着顺恩嫂,突然他咧开了大嘴,嘻嘻的傻笑起来,口水从他嘴角流了下来,一挂挂滴到了他的衣襟上。顺恩嫂从腋下抽出了一块手帕来,凑向前去,替胖男人揩拭嘴角及衣襟上的口涎,揩着揩着,她忽然张开瘦弱的手臂,将胖男人那颗大头颅,紧紧的搂进了她的胸怀。

"少爷仔,——你还笑——你最可怜——夫人看见要疼死喽——"

顺恩嫂将她那干枯的瘦脸,抵住胖男人光秃的头顶,呜咽的干泣了起来。

"他们家的祖坟,风水不好。"罗伯娘站在旁边,喃喃自语的说道。

"少爷仔——少爷仔——"顺恩嫂的手臂围拥着胖男人的头颅,瘦小的身子,前后

摇晃。

她一直紧闭着眼睛,干瘪下塌的嘴巴,一张一翕在抖动,一声又一声,凄哑的呼唤着。

一阵冬日的暮风掠过去,满院子里那些芜蔓的蒿草都萧萧瑟瑟抖响起来,把顺恩嫂身上那件宽大的黑外衣吹得飘起,覆盖到胖男人的身上。罗伯娘伫立在草丛中,她合起了双手,抱在她的大肚子上,觑起眼睛,仰面往那暮云沉沉的天空望去,寒风把她那一头白麻般的粗发吹得统统飞张起来。

◎ **我思我在**

1. 开篇的环境描写和主要故事情节都化用了唐诗中的句子,你能记起与它们相对应的诗句吗?

2. 对于李家的没落,顺恩嫂与罗伯娘这两位老仆的态度有较大差异。请你试加分析。

3. 李夫人临终前喊的那句"好冷"是本文的文眼。请联系全篇谈谈你对"好冷"的理解。

黄 丝 带①

喻丽清

> **导读**:正值青春年少的你们,对于爱情也许会有几分憧憬,同时又伴着几分疑惑。如果你是小说中的男主角衣凡,你会如何看待达妮脖子上的"黄丝带"?如果你是达妮,你又该如何处理这"黄丝带"?

---

① 选自《木马还魂》(河北教育出版社2003年版)。喻丽清(1945—),出生于浙江金华,三岁时随父母迁居台湾,台北医学大学药学系毕业后迁居美国加州。散文家,曾任海外华文女作家协会会长。代表作有《千山之外》《青色花》《牛城随笔》等。

专题问道

专题6　别有幽情生——港台文学研习

达妮无论什么时候,脖子上都系着那条黄丝带。

衣凡愈来愈不能忍受了。有时候,想到那条黄丝带,他连笑容都会消失。但是,有的时候,他又觉得惭愧,结婚之前不是觉得那条黄丝带的秘密正是充满了诱惑的所在吗?为什么婚后反而变成不能忍受的东西?他想,或许那是出于嫉妒的缘故吧?黄丝带是达妮一个人的黄丝带,他无法分享,因为那背后隐藏的故事是一个谜。达妮总是说:"时候到了,我自然会让你知道这黄丝带的秘密。亲爱的,我们这样相爱,难道还不够吗?"

达妮是对的,衣凡想,从认识达妮起,她就系着她的黄丝带,他要的妻是达妮那样的妻,而不是黄丝带的妻,不是吗?然而,那丝带是什么呢?它系附着妻子的脖子,那样鲜明却又不存在似的,天天在那儿。衣凡竟觉得那黄颜色的丝带渐渐成为一种威胁。天啊!难道幸福不是一切吗?衣凡渐渐忧郁起来。

达妮由衣凡的眼里渐渐看到怀疑和不安。生活上周而复始无变化的环境使爱情也渐渐失去了原有的弹性。达妮明白,时候就要到了。

一日,衣凡喝多了酒,横了心说:

"啊,我厌倦极了。"

达妮淡淡问道:

"是厌倦了生活吗?还是我?"

衣凡答不上来,一眼看见黄丝带,便道:

"我不能再忍受你的黄丝带的秘密了。我要你现在就告诉我。"

达妮说:

"你不后悔任何后果吗?"

衣凡没有回答。他知道这不公平,用自己的厌倦去交换那个秘密,对达妮不公平。然而,他还有什么本钱可以作为他人生的赌注呢?他不再年轻了,不再有什么大功大业的可能了;他唯一有的只是他跟达妮相爱。但是,人生除此而外,似乎总还应该有点儿别的,不是吗?

衣凡竟俯身在桌子上哭了起来。

达妮轻抚着他的发、他的肩,伤心地说道:

"明天,明天就是我们的结婚纪念日。我会告诉你这个秘密。不要伤心吧,衣凡。我不是跟你说过吗？时候迟早是要到的。"

第二天，衣凡下班回来，看见达妮穿着蝴蝶一样美丽的衣裳，餐桌上点着一支白烛，白烛是漂在一盆浅水的碟子里，像一朵睡莲。衣凡手中拿着一把玫瑰和一样礼物，他对达妮说：

"我不要那秘密……我不需要明白……"

"不，时候已经到了。"

说完，她伸手拉下了脖子上那条鲜黄的丝带。丝带飘落到地上，达妮的头颅也掉了下来。

衣凡恍惚如在梦里，水上那朵蜡烛绽成的白莲竟闪起蝴蝶一样的光彩来。

◎ **我思我在**

1. 小小说经常会选择一些富于象征意味的物象来暗示主题。你觉得文中的"黄丝带"具有怎样的象征意义？

2. 悲剧有三种类型：命运悲剧（一个人努力改变自己，却无法逃脱命运的掌控）、性格悲剧（主人公的性格缺点导致的）和社会悲剧（由社会原因、历史原因、政治原因等造成的）。你觉得达妮与衣凡的爱情悲剧属于哪种类型的悲剧？

3. 这篇小小说的结尾有何艺术特色？

※ **实践笃行**

成长的欢歌

——一场演绎台湾文学经典的生日会

情境创设

小凡出生于台湾高雄，6岁那年，他随在大陆创办企业的父母来到内地小城 Y 县。随后的十几年，他每天与大陆同学一样饮着长江水，说着普通话，但心里无时不惦念着自

专题问道

专题6 别有幽情生——港台文学研习

己的家乡——美丽的海港城市高雄。

就在小凡18岁生日这天,班里的同学为小凡举办了一场别开生面的生日会。他们吟诵着台湾作家的诗歌散文,哼唱着台湾的歌曲,为小凡排遣乡愁。

活动准备

班长根据本班同学的兴趣特长将除小凡以外的同学分为三个小组:甲组同学负责搜集来自台湾地区的有关青春成长的流行歌曲,学会其中最脍炙人口的两首歌,准备在生日会上演唱;乙组同学搜集台湾作家创作的有关青春成长的散文作品,挑选两段文字,并配选相应的背景音乐,准备在生日会上朗诵;丙组同学搜集台湾诗人创作的有关青春成长的诗作,并配选相应的背景音乐,准备在生日会上集体吟诵。

班长担任本次生日会的总导演,负责人员调配和活动日程安排;文娱委员督促各组同学按照活动日程选定歌曲、诗文,并指导排练,同时嘱咐大家做好保密工作;宣传委员负责场地、灯光、字幕、音响的布置;后勤委员负责活动道具、蛋糕蜡烛等物品的租借、采购。

活动过程

环节一 开场歌舞献祝福

甲组的三位男同学模仿小虎队边唱边舞,表演《青苹果乐园》。

周末午夜别徘徊/快到苹果乐园来/欢迎流浪的小孩/不要在一旁发呆/一起大声呼喊……

歌舞结束时,三位主唱齐声宣布:"小凡同学18周岁生日晚会正式开始。"

环节二 故乡水土慰孤心

乙组选派一位男同学穿上中年夹克,试着用略带台湾口音的普通话朗读台湾作家林清玄的作品《故乡的水土》。

第一次出国,妈妈帮我整行李,在行李整得差不多的时候,她突然拿出一个透明的小瓶子,里面装着黑色的东西。

"把这个带在行李箱里,保佑旅行平安。"妈妈说。

"这是什么密件？"

妈妈说："这是我们门口庭抓的泥土和家里的水。你没听说旅行如果会生病，就是因为水土不服，带着一瓶水土，你走到哪里，哪里就是故乡，就不会水土不服了。"

朗读结束后，班长请小凡同学登台。郑重其事地将装有Y县泥土的瓶子递给小凡，希望小凡今后无论走到哪里都不要忘记Y县是他的第二故乡。

主持人结合这个环节介绍林清玄及其散文，并请同学们交流阅读体会。

环节三　无怨青春壮游子

丙组推选一位声音甜美的女生担任领读，小组同学合作朗诵席慕蓉的诗作《无怨的青春》。全诗共读两遍，画线的句子全组同学齐读，未画线的句子由领读同学朗读。

在年轻的时候，如果你爱上了一个人，/<u>请你，请你一定要温柔地对待他。</u>/不管你们相爱的时间有多长或多短，/若你们能始终温柔地相待，<u>那么，所有的时刻都将是一种无瑕的美丽。</u>/若不得不分离，也要好好地说声再见，/也要在心里存着感谢，<u>感谢他给了你一份记忆。</u>/长大了以后，你才会知道，在蓦然回首的刹那，/<u>没有怨恨的青春才会了无遗憾，</u>/如山冈上那轮静静的满月。

主持人介绍席慕蓉及其创作，也请同学们相互推荐读过的席慕蓉作品。

环节四　一封家书千万情

由乙组某位女同学扮成妈妈的模样上台，朗诵龙应台的散文《亲爱的安德烈》中的片段，将文章中的"安德烈"都替换成"小凡"，另外将部分描绘异域风情的句子转换成与Y城有关的内容。

小凡：

你在电话上喘气，刚刚赛完足球进门。晚上要和朋友去村子里听黄梅戏。明天要考驾照。你已经开始浏览美国大学的入学数据……

主持人请同学们介绍龙应台散文的特点，并分享自己阅读龙应台散文的阅读感受。

环节五　一曲《蜗牛》表雄心

小凡看了大家的表演，也体会到了同学们一片真诚的手足之情。演唱周杰伦的《蜗牛》，来表达自己把他乡当故乡，安心学业，奋斗向上的决心。

该不该搁下重重的壳/寻找到底哪里有蓝天/随着轻轻的风轻轻地飘/历经的伤都不

专题问道

专题6 别有幽情生——港台文学研习

感觉疼……

主持人补充介绍周杰伦及其中国风的歌词与曲风,增进同学们对台湾音乐的了解,并请他们分享自己学会的台湾歌曲。

环节六　嘉宾演绎光明诗

语文老师作为嘉宾,也应邀参加了这次活动。老师朗诵了台湾诗人纪弦的诗歌《光明的追求者》,并对其进行了解读,给我们带来了一次美好的文学享受。

好比一盏金黄的向日葵,/我是一个光明的追求者;/又如一羽扑灯的小青虫,/对于暗夜永不说出妥协……

丙组同学献演自己精心准备的台湾诗歌。

最后,活动室灯光关闭,班长捧出点燃18根蜡烛的生日蛋糕缓缓走向小凡,屏幕显示"祝小凡生日快乐"的字幕,大家齐唱生日歌。许愿之后,小凡为大家分发蛋糕,并登台发表生日感言。

活动结束

负责摄像的同学剪辑本次生日会的视频,制成光盘,给小凡留作纪念;语文课代表撰写本次活动的通讯稿,发送给校园网编辑,由校园网向外发布;各位同学结合本次活动和本专题学习的体会,写一篇关于台湾现当代文学的述评类文章。

活动自检

活动阶段	活动细目	分值	自评
活动准备	分工明确,各组同学根据分工,搜集有质量、有典型意义,适合本次活动主题的诗、文、歌曲	20分	
活动过程	① 热情地投入到小凡的生日庆祝中	10分	
	② 积极主动参与活动各环节,朗诵诗文,演唱歌曲,有较为出彩的表现	20分	
	③ 分享中,体现出对台湾文学较为具体、较为全面的了解,能带给同学们有益的启迪	30分	
活动结束	能够认真完成述评写作,有观点,有材料,视野相对独特	20分	

新课标 新语 新学习

锦心绣口

写作而没有目的,又不求有益于人,这在我是绝对做不到的。

——列夫·托尔斯泰

说话周到比雄辩好,措辞适当比恭维好。

——培根

如果说有一门学科与心灵关系最近,那无疑是语文;如果说有一门学科与生活关系最近,那无疑也是语文。心灵和生活共同指向语文的两极,从而使语文不仅拥有诗和远方,还有了扎根大地的力量。因而本板块的关键词是"实用":"锦心"侧重于实用写作,"应世致用"就是它的目标;"绣口"侧重于实用口语,"互动对话"就是它的生活情境。我们希望你借此获得回归大地和生活的能力,第一流的文字在土地上生长,最终回到土地;从生活中诞生,最终走向生活。

应世致用

※ 变异之美

知识支架

训练点：现代诗歌创作中的语言运用和诗意之美的创生。

如果说，诗歌是一只青色的鸟，那么语言便是它的双翼。没有诗意的语言，就没有诗。生活语言以理解为目的，要严格遵守语言规范；诗歌语言则以审美为目的，更讲究语言运用的创造性。从某种意义上说，写诗就是要颠覆语言的成规，通过"陌生化"来追求一种变异之美。现代诗歌正是因对日常口语和书面语的超凡运用，创生了具有可视性、趣味性、抒情性、多义性和音乐性的诗意之美。

诗意的语言究竟有何特征？美国学者劳·坡林说："诗是一种多度的语言。我们用以传达消息的普通语言是一度的语言。这种语言只诉诸听者的理智，这一度是理解度。诗歌作为传达经验的语言，至少有四度。它为了传达经验，必须诉诸全人，不能只诉诸他的理解部分。诗不只涉及人的理解，还涉及他的感官、感情与想象。诗在理解度之外，还有感官度、感情度和想象度。"可见，诗意的语言贵在能诉诸读者的感官，唤起读者的想象，激发读者的感情。

"诗家语"，通常都是用语言结构的变异来拉长读者感受的时间，从而获得诗意之美。古人说："杜子美善用故事及常语，多离析或倒句，则语峻而体健，意亦深稳。"古往今来，诗歌语言正是刻意突破了正常的语言规范，背离了正常的语言逻辑，催生了浓郁的诗意。"诗家语"和普通语言所包含的字、词、语素等是一样的，只是因为其排列组合的形式与规则不一样，才有了质的区别。英国著名文学理论家约翰·巴洛兹用形象生动的比喻把二者的联系和区别讲得很清楚，他说："一颗宝石跟一块普通石头的区别并不在本质，而是在于分子的排列——结晶的形式。"

下面，我们介绍几种较为常见的语言"变异"的手法。

1. 活用。如余光中《碧潭》"如果碧潭再玻璃些/就可以照我忧伤的侧影/如果舴艋舟再舴艋些/我的忧伤就灭顶"句中后一个"玻璃"和"舴艋"本为名词,诗人把它用作形容词,意蕴丰富。

2. 通感。如王一飞的《我心随秋》"窗外/被秋风吹得很瘦很瘦的虫鸣/戚戚地咬着我的心",用"很瘦很瘦"修饰"虫鸣",可视可感;说虫鸣"戚戚地咬着我的心",将听觉与触觉打通,别致引人。

3. 倒置。如台湾诗人纪弦的《你的名字》"用了世界上最轻最轻的声音/轻轻地唤你的名字每夜每夜"两句,将"每夜每夜"后置,强调了"轻轻地呼唤"之意。

4. 省略。如卞之琳的《距离的组织》"友人带来了雪意和五点钟",原意应为:五点钟的时候,天空灰暗苍茫,带有雪意;此时此刻,我的友人来了。省略后就留给人想象的空间。

5. 反常。如北岛的《红帆船》"被黑夜碾碎的沙滩/当浪花从睫毛上退落时/后面的海水却茫茫无边",不合语法规则,但更有意味:"黑夜"象征一种强硬野蛮的异己力量,"浪花"暗指泪水,"海水""茫茫无边"喻指潜藏在心底的忧伤之多。

6. 分行。如《盆景》"用委曲/求全你的眼光",将"委曲求全"这个词分行排列,诗味立增。

7. 极化。如"一次分手/一次小小的死亡",在极度夸张中给人以深刻的印象。

8. 隐喻。如"春天像野兽般/嚎叫着撕裂冰层",将两种异质的事物关联起来,极为新鲜,颇有意趣。

当然,真正的"诗家语",并不仅仅在于它的形式特征,更在于其背后动人的"诗情"。一段话中音韵、节奏、色彩、句法安排得巧妙,固然能引起人们的关注,但人们更关注的还是它所传达的精神和情感的力量。我们不能在追求语言的"变异之美"时,迷失了诗歌表达内心真情实感的本质需要。那种一味雕琢语言结构形式的回文诗、宝塔诗,仅仅只是一种语言的游戏而已,并不能进入诗歌的行列。

唱 响 校 园
—— 校园民谣创作活动

情境创设

2016 年,美国民谣歌手鲍勃·迪伦获得了诺贝尔文学奖。诺贝尔奖组委会表示,将这个奖颁给他是因为他"在伟大的美国歌曲的传统中,拥有创造性的诗意表达",认为他的词作可以和古希腊诗人荷马、莎孚的作品相媲美。同学们想一起来解析鲍勃·迪伦歌词中的诗意密码,也打算尝试自己写出一首有诗味的歌来。

活动准备

全班分成几个活动小组,寻找相关材料。甲组负责搜集鲍勃·迪伦的经典歌曲,提供歌曲的视频资料,制作歌词的PPT;乙组搜集中国民谣歌手中有诗意的代表人物及其作品,提供歌曲的视频资料,制作歌词的PPT;丙组搜集有影响力的校园民谣,分析其内容和表现方法的一般规律,提供歌曲的视频资料,制作歌词的PPT。全班选定1名主持人,成立由3位同学组成的活动策划小组。准备时间1周。

活动过程

活动伊始,播放鲍勃·迪伦的《答案在风中飘扬》,营造轻松、愉悦的课堂活动氛围。

环节一　解析诗语

主持人展示鲍勃·迪伦《答案在风中飘扬》《暴雨将至》《铃鼓先生》等词作,请同学们品读歌词,体会其语言运用中颇具诗意的地方。

比如精读品析《铃鼓先生》的一段:

请带我消失在烟雾般的意识里/走过一片片静止的树叶,越过时间的废墟/穿过一棵棵惊恐的大树,它们显得那么神秘/来到多风的海滩,让那些无谓的悲伤都离我远去/让我在布满钻石的天空下舞蹈,一只手在空中自由挥舞/我的身影倒映在海边,沙堡把我围在中间/所有的记忆和命运都被淹没在海底/让我忘记今天,直到明天来临

在讨论交流中,明确"诗意"既来自词汇、手法,更来自诗人美好浪漫的情怀。重点关注与前面"知识支架"中学到的诗歌语言的技巧相对应的词句,如反常、隐喻、通感等。

环节二　联想拓展

中国也有许多歌曲富有诗意。大家根据自己的了解,互相交流。

比如诗人海子的名作《九月》,经张慧生改编、谱曲,后来被周云蓬收进了自己的音乐

专辑。我们一起来欣赏一下这首歌吧!

经过交流,同学们进一步明确,歌曲和诗歌有着密切的关系。

环节三　有奖抢答

解析下面两首歌词中的诗意之美,奖品是鲍勃·迪伦的音乐专辑。

PPT出示歌词:

薛之谦《钗头凤》:"有人在/兵荒马乱的分离中/折半面铜镜/漂泊经年又重圆如新/有人/在马嵬坡外的夜半时/留三尺白绫/秋风吹散她倾城的宿命。"

胡歌《逍遥叹》:"岁月难得沉默,秋风厌倦漂泊/夕阳赖着不走,挂在墙头舍不得我/昔日伊人耳边话,已和潮声向东流。"

根据答题的质量和数量,评定奖级,取前三名。

环节四　解码民谣

校园民谣是当代流行歌曲中一个独特的题材,像《同桌的你》《南山南》,都脍炙人口。如果要写一首反映校园生活的民谣,你觉得有哪些故事、人物、景象、情感可以写?

举例:《同桌的你》《睡在上铺的兄弟》《自习室》《窗外》《橄榄树》《校园的早晨》……

讨论后,明确校园民谣的常见内容,为自创校园民谣打好基础。

环节五　抒写诗情

根据上面的学习和交流,学习借鉴优秀歌曲作词的诗意手法,选择校园生活的一个方面,充分发挥自己的诗情,写一首校园民谣,要求8句以上,富有诗意;尽量写得朗朗上口,适合演唱。写作时间15分钟。

最后,同学们积极地展示自己的歌词,能哼唱的同学上台表演。同学们重点留意其语言表达上是否具有诗歌的"变异之美"。

活动结束

课外完成一篇赏析民谣歌词诗意之美的小论文。

锦 心 绣 口

互动对话

※ 朗诵

知识支架

训练点：不同文体的朗诵，用声音艺术感染人。

朗诵，是用清晰、响亮的声音，结合恰当的停顿、重音、语速、句调等技巧，并借助眼神、手势等体态语，来生动形象地表达语言作品中思想感情的一种语言艺术。

苏东坡曾经说"三分诗七分读耳"。朗诵，对于文学作品的意义实现具有重大价值。通过朗诵，可以再现作品描写的人物形象、环境气氛和生活场景，充分发挥其艺术魅力和教育作用。作为口语交际的一种重要形式，朗诵还可以文明言行，增进交流。

朗诵是一种有声语言艺术。朗诵者必须具备一定的文学修养，要能分析欣赏各种体裁的文学作品，这是朗诵的前提；朗诵者必须掌握一定的语言技巧，要熟练掌握发音和发声技巧，要善于运用语调、语气，这是朗诵的关键。此外，朗诵者还必须具备一定的舞台表演的修养，要敢于在大庭广众说话，这是朗诵的基础条件。朗诵者还可以适当化妆，可以运用灯光布景，可以配乐。朗诵艺术，就是以上各方面要素的综合体现，缺少哪一方面都不可能成为一个合格的朗诵者。

在朗诵具体的语言作品时，首先，要选择朗诵材料。根据目的、场合和听众的需要，选择语言具有形象性且适于口头表达的文章。其次，要理解作品的思想情感。准确把握作品的背景、主题和感情基调，并充分感受作者的情感，通过想象，努力进入角色，进入作品。再次，要确定适宜的表现形式。在细致分析全文的基础上，合理确定全文各句的朗诵技巧，并设计相宜的体态语。关键是要懂得"以情运气，以气托声"，处理好情感和声音的关系。还要全身心投入，努力再现情景，充分关注听众的心理需求，努力形成与听众的感情共鸣。

下面，介绍一些有关朗诵的知识。

百年歌阕
中国现当代作家作品研习

1. 朗诵符号

朗诵者在分析体味作品语言的准备工作中,为了清楚准确地表达作品的中心思想和更好地实现朗诵目的,往往在文字中做些标记,以提醒自己注意。

(1) ∧(停顿号)。不论有无标点符号均可用,停顿的时间稍稍加长。如用于有标点符号的地方,表示停顿时间再长些。

例如:"她看到儿子有些奇怪,就对他说:'这是社区志愿者的小李。'""她看到儿子有些奇怪"一句,依据语境,是"儿子"奇怪,应该在"看到"后面标一停顿符号,就是"她看到∧儿子有些奇怪"。如果不标朗读停顿号,很容易在"儿子"后面停顿,就成了"王大娘"奇怪了,不符合语意。

(2) ∧∧(间歇号)。用于无标点符号处,表示间歇时间较长;用于有标点符号处,表示间歇时间更长些。

例如:"井冈山五百里林海里,最使人难忘的是毛竹。"在"井冈山"后略略一顿,目的是把人们带进作者所描绘的五百里林海之中;"最使人难忘的"后面作一较长时间的顿歇,"毛竹"两字用深沉、回味、抒情的语气送出,表达出对井冈山翠竹的深厚眷恋之情,用回味性停顿的方法,把听者带入,使其在停顿中受到感染。

(3) ⌒(连接号)。只用于有标点符号的地方,表示缩短停顿时间,连起来读。例如《祝福》:

阿呀,我的太太!你真是大户人家的太太的话。我们山里人,小户人家,这算得什么?她有小叔子,也得娶老婆。不嫁了她,那有这一注钱来做聘礼?她的婆婆倒是精明强干的女人呵,很有打算,所以就将她嫁到里山去。

卫婆子喜欢多嘴饶舌,加上又喝点酒,说起话来就更眉飞色舞,其性格显露无遗。

(4) ——(词组号)。把需连起来读的词或词组连在一起,避免破坏语意。

例如:"中华人民共和国外交部新闻司昨天发布公告。"依据语意,"中华人民共和国外交部新闻司"是一个词组,中间不能停顿,否则就会支离破碎,语音含混不清。

(5) ·和﹏﹏(重音号)。·为主要重音,﹏﹏为次要重音。

例如:"桂林的山真奇啊……桂林的山真秀啊……桂林的山真险啊……""奇""秀""险",是桂林山的特点,也是表现主题思想的重要词语。因此,这三个作为句子谓语的形容词,应并列为主要重音,"山"是次要重音。

2. 朗诵技巧

(1) 停顿。停顿是指朗诵过程中声音的断和连。它既是显示语法结构的需要,更是明晰表达语、传达感情的需要。朗诵时,停顿有多种,如顺应语法的停顿、显示层次的停顿、体现呼应的停顿、指向强调的停顿、区别语意的停顿等。而最为常见的是表达音节的停顿。我们在朗诵诗词时,必须用停顿来表达音节,以加强节奏感。如:"白发/三千丈,缘愁/似个长。不知/明镜里,何处/得秋霜?"

(2) 语速。语速是指朗诵时声音的快慢。朗诵各种文章时,不同的场面、不同的心情、不同的叙述方式,都必须采取与之相适应的朗诵速度。例如《故乡》:

其间有一个十一二岁的少年,项带银圈,手捏一柄钢叉,向一匹猹尽力的刺去,那猹却将身一扭,反从他的胯下逃走了。

月亮地下,你听,啦啦的响了,猹在咬瓜了。你便捏了胡叉,轻轻地走去……

前后两句,不同的动态,在我们心里引起的感觉是不一样的。朗诵时必须体现出前者"将身一扭,从他的胯下逃走了"之快和后者"你便提捏了胡叉,轻轻地走去"之慢。

(3) 重音。在朗诵中,为了准确地表达语意和思想感情,有时强调那些起重要作用的词或短语,这些词语通常就叫重音。同样一句话,如果把不同的词或短语确定为重音,由于重音不同,整个句子的意思会发生很大的变化。重音又分为语法重音和强调重音。此外,句子中的修辞也往往要通过重音来强化。如文章中的比喻性词语,可以使被比喻的事物生动形象,加深对所描写事物或阐明道理的理解,要重读。如:"如果说瞿塘峡像一道闸门,那么巫峡简直像江上一条迂回曲折的画廊。"必须重读其中"闸门"和"画廊"。

(4) 句调。句调又称语调,是指语句的高低升降。句调是贯穿整个句干的,只是在句末音节上表现得特别明显。句调根据表示的语气和感情态度的不同,可分为四种:升调、降调、平调、曲调。升调(↑),前低后高,语势上升。一般用来表示疑问、反问、惊异等语气。降调(↓),前高后低,语势渐降。一般用于陈述句、感叹句、祈使句,表示肯定、坚决、赞美、祝福等感情。平调,语势平稳舒缓,没有明显的升降变化,用于不带特殊感情的陈述和说明,还可表示庄严、悲痛、冷淡等感情。曲调,全句语调弯曲,或先升后降,或先降后升,往往把句中需要突出的词语拖长着念,这种句调常用来表示讽刺、厌恶、反语、意在言外等语气。

3. 不同文体的朗诵

(1) 诗歌。要把握押韵和节奏,表现出其音乐性和韵味美;要充分运用想象,大胆补充,努力再现其中的形象美和意境美;要调动经验,充分体会作者的情感,准确传达出诗中的情感和意趣。如《再别康桥》,要读出其和谐的韵味,再现康桥的美景,表现出诗人心中的眷恋之情。

(2) 散文。好的散文总是在叙述与描写中带有强烈的抒情性。如朱自清的《背影》,虽然用的是平实而生活化的口语,但我们在诵读中一定要表现出作者心中的怀念与愧疚之情。

(3) 小说。优秀的小说塑造出了个性鲜明的人物形象,在朗诵时我们要揣摩作品的人物特点,再现其个性。如《儒林外史》中"来到集上,见范进正在一个庙门前站着,散着头发,满脸污泥,鞋都跑掉一只,兀自拍着掌,口里叫道'中了,中了'",在朗诵时就要把他喜极而疯的形象通过声音展现出来。

"致青春"
——校广播站"经典朗诵"节目录制

情境创设

2013年,有一部电影叫《致我们终将逝去的青春》,讲述了一群青春少年的成长故事。影片中"青春短暂,先不疯狂更待何时?""青春是场远行,回不去了;青春是场相逢,忘不掉了;青春是场伤痛,来不及了"这些经典台词,引起了广大同学的共鸣。我们该怎样不虚度青春?许多经典文学作品都给出了精彩的回答。"五四"青年节即将到来,校广播站"经典朗诵"节目将录制相关作品。同学们打算组织一次班级朗诵活动,用这种方式来"致青春"。

活动准备

全班分成几个活动小组,每组6位同学。选定1名主持人,成立活动策划小组,主动与广播站和相关老师沟通、协调。准备时间两周。

活动过程

环节一　活动启幕

1. 观赏视频，品析经典

主持人：《青春万岁》是一部长篇小说，创作于1953年，作者是当代作家王蒙。小说主要讲述了20世纪50年代初，一群天真烂漫的北京女中学生的生活故事。它的序诗脍炙人口："所有的日子，所有的日子都来吧，/让我编织你们，用青春的金线，/和幸福的璎珞，编织你们……"请欣赏丁建华、乔榛两位老师的精彩演绎！（播放视频）

讨论：（1）这首诗的感情基调是怎么样的？（2）在对这首诗的朗诵处理中，两位大师有哪些值得我们学习的细节？（3）在朗诵时，他们加入了一些重复，还有二声部的技巧，你觉得这有什么作用？（4）配乐的钢琴曲，你觉得合适吗？（5）举例分析，两位朗诵者在舞台上动作与眼神配合如何？

2. 分门别类，推选材料

主持人：根据本次活动的主题"致青春"，课外利用图书馆或网络，选择朗诵材料。师生共同推荐部分作品，供全班同学选择：

诗歌：席慕蓉《青春》、汪国真《挡不住的青春》

散文：塞缪尔·乌尔曼《年轻》、屠格涅夫《青春的呼唤》

小说：路遥《平凡的世界》、九夜茴《匆匆那年》

布置分组活动任务：各小组分头准备相关材料，包括有关青春的诗歌、散文等。诗歌可以是古代诗歌，也可以是现代诗歌；散文和小说，若篇幅过长，可以适当删减，尽量控制在600字以内。组内要分工明确，有的负责素材、设备，有的负责配乐、朗诵。

环节二　分组活动

1. 分工合作，诵读摸索

每小组共同选择一首经典作品。根据体裁，讨论确定作品的感情基调，设计朗诵的语言技巧和体态语，选择适宜的配乐。各小组制订详细的活动计划，在两周内练习诵读，实践摸索，不断提高朗诵水平，丰富朗诵艺术。排练中，可以进一步学习借鉴名家朗诵视频,也可以请教老师。

2. 精心彩排,细心打磨

组长安排 3—4 次彩排,确定最后录制时间;朗诵者力求完美表现,录制出最佳的声音作品。对照前述知识支架,找出细节问题,不断纠正、磨合、提高。

环节三　汇报展播

1. 节目展演,评比推优

各小组依次上台朗诵。全班同学从文章内容、朗诵水平、技术手段等方面打分。

2. 学习录音,试制音频

选定有基础的同学,学习录制技术。熟悉录音设备,学会麦克风的使用技巧;负责技术的同学,准备相关器材,学习录制技巧,注意直达声、反射声及混响声,学会拾音;注意格式、音量、时长等要素,如果能学习简单的修饰声音的技术则更好。可以咨询信息学老师或其他有相关特长的人员。

录制广播节目时长控制在 5 分钟内。录制完成后,适当剪辑。要求录制完成后,全组仔细收听、讨论、重录。

活动结束

课外把自己录制的节目,推荐给同学欣赏,或上传到网络,接受网友的评论。

新课标 新语 新学习

我学我秀

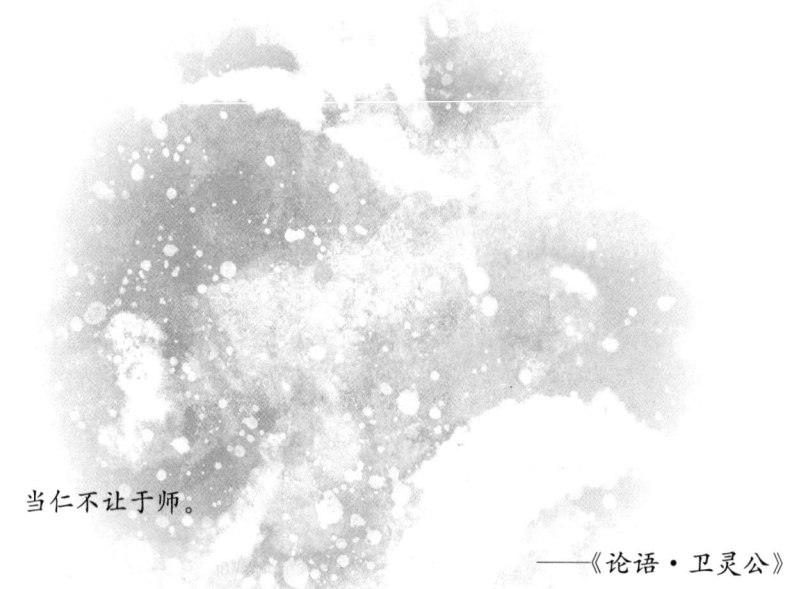

当仁不让于师。

——《论语·卫灵公》

在本次学习之旅即将结束之时,我们为你送上两份礼物:"展览平台"收录的是你的同龄人在旅程中的成果,我们希望这些成果给你借鉴,予你鼓励,期待看到属于你的独一无二的作品;"自我评估"则是一份综合测试题,当然它不是日常考试的模样,我们希望给你的是一种更友好、更灵活的面孔,你可以借此评估自己的学习收获。

所有的相遇都指向分离,但学习不是。你读过的这些文章、思考过的这些问题,以及写过的这些文字都化成了你的一部分,跟随你,永不分离。

 展览平台

闯
——读《平凡的世界》有感
浙江余姚中学　卢于佳

古灯塔山上,一对恋人相约。然而两年后,只剩下少平一人含着热泪痴痴地笑。

也许对大多数人来说,生活的变化是缓慢的。今天和昨天似乎没有什么不同,明天也可能和今天一样,可是对于少平来说,似乎没有一天是平静的。他得为他那个平凡的世界的存在而战斗!但生活——

总是让人难以捉摸!

记得十年前,他的初恋爱上了顾养民,可如今,却有一个女孩子抛弃了顾养民来爱他。

曾经,双水村田福堂独揽大局,而现在他哥却发家致富,留下田福堂退居一旁。

没错,他后来是爱上了一个女孩。他为她疯狂,为她着迷。她给他带书,他偷偷看书,也正是精神的满足让他的思想有了飞跃,使他能离开那个土生土长的双水村去黄原发展,使他能扛下所有揽工的苦,使他能不屈于在煤矿厂中当工人。

然而,后来——

那个女孩死了。

生活!

生活,似乎走了一个难以置信的圆,似乎总是在和这些苦命人开玩笑。孙少平上了二级平台,沿着铁路线快速向东走去。也许,他会做一辈子的煤矿工人,也许他不会。因为他依稀听见一只用口哨吹出的充满活力的歌在耳边吹响——这是赞美青春和生命的歌。

这个年轻人的身上所流淌的血液已经不是几十年前的双水村人那样普通。鲜血在沸腾,在翻滚!他要努力地挣破身上的枷锁,他要跳出几代附在他身上的牢笼,他相信外面有着更好的世界。知识冲击着他,人物冲击着他,冲击着,冲击着,他一定要走出双水

村！闯出生活！

　　当然，不仅孙少平，几乎所有人都在闯。也许人一生仅仅有那么一两个辉煌的瞬间，甚至一生都可能在平淡无奇中度过，可细想起来，每个人的生活似乎都是这样一个世界。即使是最平凡的，大多数普通人也不会像飘飘欲仙的老庄，时常把自己看作一粒沙粒，他们只会时时刻刻都在为具体的生活而费力伤神。

　　譬如孙少安，他只念过小学，但他不甘于做一个平平凡凡的庄稼人。他学着办起了砖窑，然后红火了，有钱了，他就想着帮双水村的百姓谋福利。可后来砖窑垮了，破产了，他就立马找着希望后站起来，接着继续办砖厂，建学校。生活对他的打击可以说是按下葫芦浮起瓢，但他依旧执着地在绝望与欢喜两重的生活中奋斗。

　　田润叶，她是一位伟大的女性，资历又使她这个人物变得更为丰满。为了爱情，她坚持不懈，甚至不顾他人闲话与丈夫分居，可为了责任，她又去照顾失去双腿的丈夫。她没有一刻不在生活中颠簸，但她到底没有真正得到她想要的。而她，不后悔，因为她的目标仍在，她要闯出当时女性的保守，闯出门第婚姻的约束，闯进思想涌动的新潮流。

　　也许这就是路遥先生创作《平凡的世界》的魅力所在，这些人是平凡，但作者给他们注入了活力，而那些依旧扳着老饭碗没有新思想的人终究会被生活淘汰，留下的恰恰是那些充满斗志与朝气的人。我不清楚小说最后为何要安排孙少安重建学校，是否这样就意味着有一代又一代人，将在知识的推动下，就像一个又一个少平走出山村，走出县城，走出省？而这一切远远比修河建路为子孙谋福利来得意义重大，他们在努力地奔波，在努力地闯荡，说不定后来就真的会如兰香所梦寐的，闯向宇宙！

　　别相信闯出生活不可能，既然中国在这几十年里都有着翻天覆地的变化，那闯出生活又怎会是天方夜谭。这些平凡的人都在努力闯，难道现在的我们要无动于衷吗？正如田二常说的"世事要变了"，没准儿这日子是真的能闯出个所以然来！

　　然而就怕没有人试。物质的满足让大家得过且过，而那些真想做些事情来的人少之又少。

　　记得2014年5月28日，在美国空军学院毕业典礼上，美国前副总统拜登在发表演讲时就声称中国不足畏惧，因为中国缺乏创新能力，"我谅你们也说不出一个来自中国的创新项目、创新改变或创新产品"。

虽然拜登的话在很多人看来是极其片面的，但也值得我们深思，中国是否真的常常会背上"缺乏创新"的名号？也许这和我们的社会制度有关，也许这和我们的思维方式有关，但是可以肯定的是，不是我们无能，不是我们缺乏创新人才，而是我们少了一股去闯荡的勇气，才让人觉得似乎总是矮了一截。可就是这一截，放大了看却是十万八千里。

科技的突破需要技术和知识，当然也需要勇气，你要敢做才有可能成功。文学的创新需要底蕴和涵养，但你要敢写才有可能。为什么我们还对鲁迅的《狂人日记》痴迷，就因为他敢于描写，敢于揭露，敢于批判，才使得他的作品变得有意义。

因此，不必再为自己低人一等而悲哀，也不必为自己高人一筹而傲喜。生活无时无刻不需要你去闯，生活也无时无刻不在变化。如果我们再不去闯，再不去为自己的目标拼搏，那最后留给自己的到底是什么？难道生活真的要如朱自清所说的，赤裸裸地来，赤裸裸地走吗？

这自然是不可能的。

我们一定要去闯。

当然，闯生活也需要下一番苦功，毕竟世事难料，就如同小说中的人物一样，谁也不知道日子的下一秒会有什么变化。说不定家境会一落千丈，说不定爱人会就此永别，也说不定会飞黄腾达，而生活，谁又知道呢？可生活中经历的一切磨难都不能阻碍自己前进的脚步，既然在那个小小的平凡的世界里都有人为自己的理想而奋斗，那我们就更没有什么理由退缩一旁了。

所以，闯吧，所有人！就算生活再怎么变化无常，到底是人在过日子，若真是拼足了劲儿闯，说不定就是个柳暗花明！

就如小说最后所说的：

"温暖的季风吹过了绿黄相间的山野；蓝天上，是太阳永恒的微笑。"

从陈士成到孔乙己

——浅谈鲁迅《白光》与《孔乙己》

浙江余姚中学　徐铖

鲁迅的《白光》是以他祖父那辈的一个老童生为原型写成的。他是鲁迅幼时私塾里的先生，参加了一辈子科举考试直到精神失常，郁郁而终。鲁迅先生曾十分敬重这位老先生，并为他最终的命运扼腕，同时也是对万千科举人的叹息。

陈士成，是鲁迅在《白光》中塑造的中心人物。鲁迅对于主人公名字的设计，应有所喻义。自古提倡"学而优则仕"，"士成"隐含着的便是博取功名这一层意思——这大概也是所有寒门学子的人生目标。可"事与愿违"是人们生活中最常见的不幸，小说就从轨迹的断裂、梦想的破灭开始。

开篇写的是看榜的陈士成。一见榜，他便先寻自己的姓"陈"，接着他在12张圆图中又仔细搜寻一遍……最后人群散尽只有陈士成一人单站在榜前。看榜向来是几家欢喜几家忧，姑且可以如此想象那发生在榜前的情景：有人寻到自己的名字，立马欢呼雀跃着赶回家去报喜；有人连着寻了几遍都不见，目光黯淡着缩着头悄悄退出人群离远了——可陈士成似乎与他们都不同，他只是僵硬而怔忡地站着，从发榜到人散。几句看榜过程的描写能真切地展现出他当时的心理。他先找自己的"姓"，"陈"是个大姓，因此可以有无数个"陈"来燃起他的希望，如果他是个偏僻的姓，那他定然不会采用这样的方法寻找了；他心中本是很急切，很不耐烦，那些名字都是争先恐后地跳进他的眼睛。当希望一次次燃起却又随即被扑灭，他心中的结果早已明了，可此时他变得异常耐心和细致，转而重新在图榜中细细地搜寻。从希望到失望到绝望，从急切到耐心，他就像一个不撞南墙不回头、倔强不肯认输的孩子，又或是早已远远地见着了南墙却突而放慢了脚步，但仍不掉头，一意固执地踱过去。不知他是究竟寻了几遍，在南墙边徘徊周旋了几遍。

他木然了。在他看榜的短短几分钟里，他的世界已是天旋地转。眼前的榜文化作"乌黑的圆圈在眼前泛泛地游走"。这里作者用肖像描写，他"斑白的短发""灰白的脸色"与"疲乏的红肿的双眼"给人以鲜明而深刻的印象。他已上了年纪，他已为了科考辛苦劳累得熬红双眼，他绝不是首次参加科考的那些个年轻气盛的人——这便无怪乎他落榜后那样的失魂落魄与怅惘（后文他心理独白中参加16次科考再次说明这一点）。我们看到了一个平凡却失意，劳乏又潦倒的读书人。而这又或许是所有失意的读书人的形象，《孔乙己》里就有类似的描述："青白脸色，皱纹间常夹些伤痕；一部乱蓬蓬花白的胡子""他脸上黑而且瘦，已经不成样子；穿一件破夹袄。"鲁迅总是有意无意间点明他们的衰颓与潦倒,许是表达某种同情。同是天涯沦落人,陈士成与孔乙己也许在鲁迅心中就是同一个人。他们为了同一个简单的追求而孜孜不倦了一辈子,也葬送了一辈子。

面对如此打击,陈士成最后选择用"考官有眼无珠也真是可怜"来安慰自己。他的心在看榜后蜷缩闭塞了很久,也许经历了16年,他再也不知道用什么来求得解脱,便只剩下这样一句勉强生硬的自嘲。作为一个读了一辈子书、求了一辈子学问的人,他的骨子里是有傲气的,他觉得自己从未失败,所有的一切不如意与他自己无关。也许我们如此看他觉得真是自负、可笑,可一个人若能真的超然物外倒也挺好,若能真的不受外物牵累,自由自在地做一个闲云野鹤逍遥而游倒也挺好。可陈士成毕竟不是个洒脱的人,他屡屡落榜却仍次次尝试,他将自己置身于追求功名的大潮中,从未离去甚至乐此不疲。他的拘泥注定了他的沉沦,便只剩下这样一句既不像安慰又不像批判的自嘲。而孔乙己又何尝不是如此身陷囹圄难以自拔?当看笑的人们用"你怎的连半个秀才也捞不到呢?"质问他时,他便再也无法泰然处之,立刻"显出颓唐不安模样,脸上笼上了一层灰色"。落榜,是陈士成与孔乙己心里一根伴随一生的刺,是他们最容易触及的痛。

在一种冥冥之声的指引下,陈士成踏上了寻宝之路。为什么要寻宝?陈士成想要践行他"姓名"中的崇高志向,他早为自己构建了一个美妙的糖塔,那是他出人头地的梦想。如果因他寻宝的举动而用"发家致富"来形容他的"梦想"是太过浅薄与贬低的。他是个踏实且懂得苦干的人,他一直想凭借自己的努力获得自己想要的东西。人人各有追求,他毕生追求功名也并没有错。当他再一次受挫,他不自觉地回到抵让给杂姓的他家的老宅,回想起幼时祖母向他述说的传说,传说中他遥远而显贵的祖先是他从小播下的一个梦。如同归有光为了祖母"吾家读书久不效,儿之成,则可待乎"与象笏的激励而读书,陈士成的初衷想来也是如此。当美妙憧憬的遐想再次浮现,却碰上了这冷冰冰没有希望的现实时,他便再也无法抑制与自安,再也遏制不住心中的苦闷。寻求财富便成了他义无反顾发泄与诉求的途径。他并不爱财,只想以此来做实践自己梦想的最后一次尝试。鲁迅连用了两个"狮子似的"写他奔走的状态,他用锄头"一气掘起"四块大方砖,"掸了袖爬开细沙","极小心地,幽静的,一锄锄往下掘……",展示出来的是一个丧失理智几近疯癫的人。看到这样一个陈士成,看到他失去心智,看到他为着某种似有似无的执念而奋力一搏,没有人会再发笑,有的只是对面前这个可怜人无尽的担忧,愿去叫醒他,愿去阻止他,愿去拯救他。生活可以抛弃人,可人绝不该自己抛弃自己。

《白光》的笔触是冷峻而平和的,鲁迅似乎自始至终只是在负责讲述,而不曾流露出一丝情感。相比之下,同样叙写悲剧,《孔乙己》的语言却活泼几近欢乐。然而陈士成与孔乙己的命运有着惊人的相似性,他们都是受害者,是不幸者又是不争者。如果把陈士成的故事讲给咸亨酒店里的主顾们听,他们也一定会像笑孔乙己一样发笑的。可当我们读这样的故事时,心中便会不自觉地笼上一层淡漠的悲哀。无论是那压抑的挥之不去的"白光",还是酒店里每当孔乙己到来时处处弥漫着的快乐的空气,无论是孔乙己还是陈士成,在鲁迅眼中,所有的一切终归于寂是既定的,而为此悲哀而呐喊几声是免不了的。

自我评估

小木和西西所在的学校组织了一场现当代作家作品的文学游园会。活动现场由诗歌、散文、小说、戏剧四大主题区域组成,每个主题单元内又设置了独具特色的游戏环节,完成任务便可获得相应的积分,主办方最终将根据积分的多少予以相应的奖励。游园会的消息刚一发布,小木和西西就打算组队去闯关。现在我们也随去感受一下游园会的盛况,看看有多少斩获吧!

文 学 的 路

一、会场入口处是一株只有主干、侧枝的现当代"文学树",主持人正邀请同学们一起动手制作绿叶对它进行装点打扮。参与者根据提示信息,写出一位作家及其两部代表作品,即完成一片绿叶的制作。根据完成的树叶数量,参与者将获得相应的奖励积分,作为他们正式进入游园会前挖到的"第一桶金"。小木和西西在人群中边讨论边写,一时完

成了不少。你也来试试吧,完成下面四片叶子。(12分)

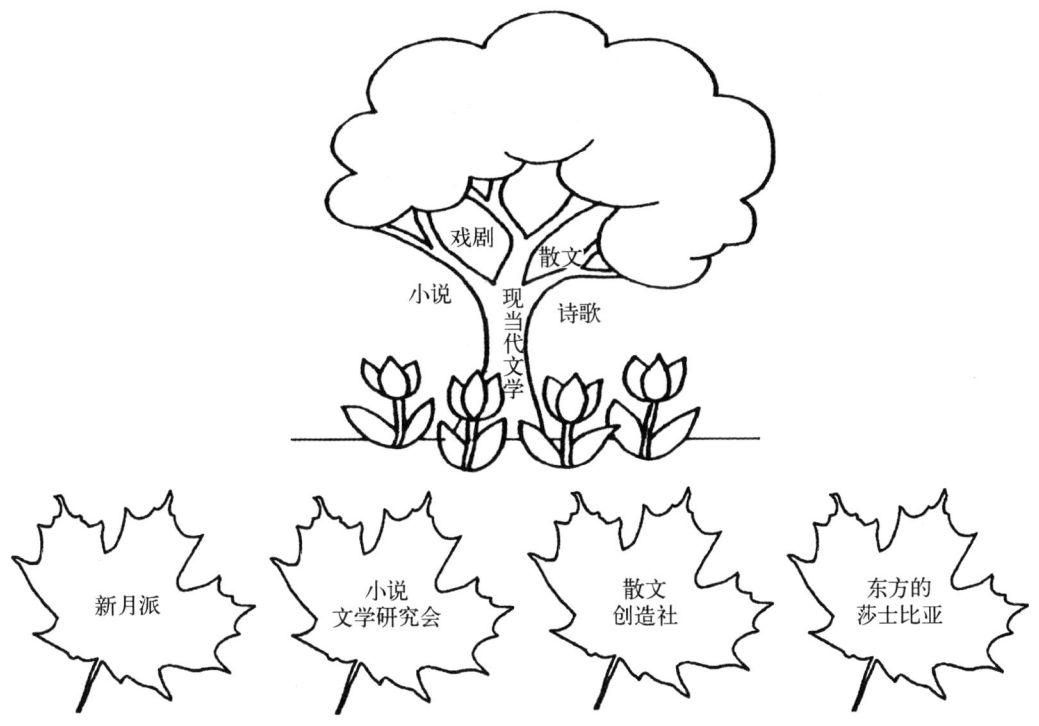

诗 情 澎 湃

二、绕过装扮一新的"文学树",小木和西西进入第一主题活动区。在这里,他们遇到的是一首来自宝岛台湾的现代诗。游戏任务是完成诗歌朗诵,在集中安排的朗诵时间里,主持人根据分贝仪测出的掌声热烈程度来决定胜出者。小木对朗诵很感兴趣,也想挑战一下,可又担心自己表现不好,请你和西西帮忙参谋。(15分)

错 误

郑愁予

我打江南走过

那等在季节里的容颜如莲花的开落

百年歌阕

中国现当代作家作品研习

东风不来,三月的柳絮不飞

你的心如小小的寂寞的城

恰若青石的街道向晚

跫音不响,三月的春帷不揭

你的心是小小的窗扉紧掩

我达达的马蹄是美丽的错误

我不是归人,是个过客……

(一)说一说(9分)

小木:我感觉这首小诗长句不多,表达很清晰,节奏应该不难把握,但我拿不准该用哪种语气、语调来演绎最合适,你们帮我出出主意吧。

西西:所谓"诗言情",朗诵的语气、语调和作品所蕴含的情感密不可分,要不我们先来讨论这首诗的情感。我读到了哀伤、幽怨,比如"东风不来",东风代表的是春天、生机,这里却是东风不来,如此便有了一种失望,甚至绝望在里面。

小木:有道理!经你一说,我也发现了一点蛛丝马迹,诗中的"寂寞"不是说得更明白吗?"窗扉紧掩"也有一种闭塞忧郁的感觉。

你:_____

西西:虽然到目前为止我们的观点都很一致,可会不会是我们把诗读简单了,片面了?你们看最后一节里的"达达",读起来多清脆,似乎还带着轻松欢快呢。

你:_____

小木:天哪!你们给了我很大的启发。我想我知道为什么作者要说这一切是美丽错误的根源了:错误虽是错误,但这一阵马蹄也给了等待之人以一瞬的期待希望。

西西:说得真好!看来还真是一首有故事、耐人寻味的诗。"我"是过客,"你"则在盼望归人,而且应该是个女子,是古诗里经常出现的那个思妇。我突然觉得这首诗与温庭筠的《望江南》殊途同归了!

小木：我也有类似的感觉。可究竟该用怎样的语气语调朗诵呢？

你：_____

西西：还应该读出那种期待所等之人到来的喜悦，以及所见非所思的失望哀怨。除此以外，我觉得读的时候还应该带点歉疚。

小木：要不我们用之前学过的朗诵标记符号来具体标注停顿节奏和轻重音，我都有点迫不及待了。

(二)画一画(6分)

用"△"标出韵脚字，"‖"标出停顿，"·"标出重音

散 文 家 园

三、在散文活动区入口，作为资深吃货的小木和西西早就被活动主题"家乡味"所吸引。明知不会有口福，可两人还是火速加入了"美食"领取大军。本活动有三份美食任务单，小木和西西愉快又默契地完成了前两项。等进行到第三项任务时，两人就因见解不同而起了争论，希望你能结合具体内容来谈谈看法。(18分)

故乡的野菜

汪曾祺

荠菜。荠菜是野菜，但在我的家乡却是可以上席的。我们那里，一般的酒席，开头都有八个凉碟，在客人入席前即已摆好。通常是火腿、变蛋(松花蛋)、风鸡、酱鸭、油爆虾(或呛虾)、蚶子(是从外面运来的，我们那里不产)、咸鸭蛋之类。若是春天，就会有两样应时凉拌小菜：杨花萝卜(即北京的小水萝卜)切细丝拌海蜇，和拌荠菜。荠菜焯过，碎切，和香干细丁同拌，加姜米，浇以麻酱油醋，或用虾米，或不用，均可。这道菜常捣成宝塔形，临吃推倒，拌匀。拌荠菜总是受欢迎的，吃个新鲜。凡野菜，都有一种园种的蔬菜所缺少的清香。

荠菜大都是凉拌，炒荠菜很少人吃。荠菜可包春卷，包圆子(汤团)。江南人用荠菜包馄饨，亦称"大馄饨"。我们那里没有用荠菜包馄饨的。我们那里的面店中所卖的馄饨都是纯肉馅的馄饨，即江南所说的"小馄饨"。没有"大馄饨"。我在北京

的一家有名的家庭餐馆吃过这一家的一道名菜：翡翠蛋羹。一个汤碗里一边是蛋羹，一边是荠菜，一边嫩黄，一边碧绿，绝不混淆，吃时搅在一起。这种讲究的吃法，我们家乡没有。

枸杞头。春天的早晨，尤其是下了一场小雨之后，就可听到叫卖枸杞头的声音。卖枸杞头的多是附郭近村的女孩子，声音很脆，极能传远："卖枸杞头来！"枸杞头放在一个竹篮子里，一种长圆形的竹篮，叫作元宝篮子。枸杞头带着雨水，女孩子的声音也带着雨水。枸杞头不值什么钱，也从不用秤约，给几个钱，她们就能把整篮子倒给你。女孩子也不把这当作正经买卖，卖一点钱，够打一瓶梳头油就行了。

自己去摘，也不费事。一会儿工夫，就能摘一堆。枸杞到处都是。我的小学的操场原是祭天地的空地，叫作"天地坛"。天地坛的四边围墙的墙根，长的都是这东西。枸杞夏天开小白花，秋天结很多小红果子，即枸杞子，我们小时候叫它"狗奶子"，因为很像狗的奶子。

枸杞头也都是凉拌，清香似尤甚于荠菜。

蒌蒿。小说《大淖记事》："春初水暖，沙洲上冒出很多紫红色的芦芽和灰绿色的蒌蒿，很快就是一片翠绿了。"我在书页下面加了一条注："蒌蒿是生于水边的野草，粗如笔管，有节，生狭长的小叶，初生二寸来高，叫作'蒌蒿薹子'，加肉炒食极清香……"蒌蒿，字典上都注"蒌"音楼，蒿之一种，即白蒿。我以为蒌蒿不是蒿之一种，蒌蒿掐断，没有那种蒿子气，倒是有一种水草气。苏东坡诗："蒌蒿满地芦芽短"，以蒌蒿与芦芽并举，证明是水边的植物，就是我家乡所说"蒌蒿薹子"。"蒌"字我的家乡不读楼，读吕。蒌蒿好像都是和瘦猪肉同炒，素炒好像没有。我小时候非常爱吃炒蒌蒿薹子。桌上有一盘炒蒌蒿薹子，我就非常兴奋，胃口大开。蒌蒿薹子除了清香，还有就是很脆，嚼之有声。

荠菜、枸杞我在外地偶尔吃过，蒌蒿薹子自十九岁离乡后从未吃过，非常想念。去年我的家乡有人开了汽车到北京来办事，我的弟妹托他们带了一塑料袋蒌蒿薹子来，因为路上耽搁，到北京时已经焐坏了。我挑了一些还不太烂的，炒了一盘，还有那么一点意思。

马齿苋。中国古代吃马齿苋是很普遍的，马苋与人苋（即红白苋菜）并提。后来不知怎么吃的人少了。我的祖母每年夏天都要摘一些马齿苋，晾干了，过年包包子。我的家乡普通人家平常是不包包子的，只有过年才包，自己家里人吃，有客人来蒸一盘待客。不是家里人包的。一般的家庭妇女不会包，都是备了面、馅，请包子店里的师傅到家里做，做一上午，就够正月里吃了。我的祖母吃长斋，她的马齿苋包子只有她自己吃。我尝过一个，马齿苋有点酸酸的味道，不难吃，也不好吃。

马齿苋南北皆有。我在北京的甘家口住过，离玉渊潭很近，玉渊潭马齿苋极多。北京人叫作马苋儿菜，吃的人很少。养鸟的拔了喂画眉。据说画眉吃了能清火。画眉还会有"火"么？

莼菜。第一次喝莼菜汤是在杭州的楼外楼，一九四八年四月。这以前我没有吃过莼菜，也没有见过。我的家乡人大都不知莼菜为何物。但是秦少游有《以莼姜法鱼糟蟹寄子瞻》诗，则高邮原来是有莼菜的。诗最后一句是"泽居备礼无麋鹿"，秦少游当时盖在高邮居住，送给苏东坡的是高邮的土产。高邮现在还有没有莼菜，什么时候回高邮，我得调查调查。

明朝的时候，我的家乡出过一个散曲作家王磐。王磐字鸿渐，号西楼，散曲作品有《西楼乐府》。王磐当时名声很大，与散曲大家陈大声并称为"南曲之冠"。王西楼还是画家。高邮现在还有一句歇后语："王西楼嫁女儿——画（话）多银子少"。王西楼有一本有点特别的著作：《野菜谱》。《野菜谱》收野菜五十二种。五十二种中有些我是认识的，如白鼓钉（蒲公英）、蒲儿根、马兰头、青蒿儿（即茵陈蒿）、枸杞头、野绿豆、蒌蒿、荠菜儿、马齿苋、灰条。江南人重马兰头。小时读周作人的《故乡的野菜》，提到儿歌："荠菜马兰头，姐姐嫁在后门头"，很是向往，但是我的家乡是不大有人吃的。灰条的"条"字，正字应是"藋"，通称灰菜。这东西我的家乡不吃。我第一次吃灰菜是在一个山东同学的家里，蘸了稀面，蒸熟，就烂蒜，别具滋味。后来在昆明黄土坡一中学教书，学校发不出薪水，我们时常断炊，就撸了灰菜来炒了吃。在北京我也摘过灰菜炒食。有一次发现钓鱼台国宾馆的墙外长了很多灰菜，极肥嫩，就弯下腰来摘了好些，装在书包里。门卫发现，走过来问："你干什么？"他大概以为我在埋定时炸弹。我把书包里的灰菜抓出来给他看，他没有再说什么，走开了。灰菜有点碱味，我很喜欢这种味道。王西楼《野菜谱》中有一些，我不但没有吃过、见过，连听都没有听过，如："燕子不来香"

"油灼灼"……

《野菜谱》上图下文。图画的是这种野菜的样子,文则简单地说这种野菜的生长季节,吃法。文后皆系以一诗,一首近似谣曲的小乐府,都是借题发挥,以野菜名起兴,写人民疾苦。如:

眼子菜

眼子菜,如张目,年年盼春怀布谷,犹向秋来望时熟。何事频年倦不开,愁看四野波漂屋。

猫耳朵

猫耳朵,听我歌,今年水患伤田禾,仓廪空虚鼠弃窝,猫兮猫兮将奈何!

江荠

江荠青青江水绿,江边挑菜女儿哭。爷娘新死兄趁熟,止存我与妹看屋。

抱娘蒿

抱娘蒿,结根牢,解不散,如漆胶。君不见昨朝儿卖客船上,儿抱娘哭不肯放。

这些诗的感情都很真挚,读之令人酸鼻。我的家乡本是个穷地方,灾荒很多,主要是水灾,家破人亡,卖儿卖女的事是常有的。我小时就见过。现在水利大有改进,去年那样的特大洪水,也没死一个人,王西楼所写的悲惨景象不复存在了。想到这一点,我为我的家乡感到欣慰。过去,我的家乡人吃野菜主要是为了度荒,现在吃野菜则是为了尝新了。喔,我的家乡的野菜!

美食任务一:食,性也。人对美食有着难以抗拒的天然情意,文人也总自觉不自觉地在笔下流露出对某地尤其是故乡美食的回味眷恋,汪曾祺是具有代表性的一位。你还能想起哪些作家笔下的美食?请列出两位以上的作家及其所写美食和相关作品。(6分)

我 学 我 秀

美食任务二：汪曾祺先生笔下的野菜带有家乡的风土人情，也很经典，有的甚至还常常入诗。从文中所写的野菜中任选其一，写出一首与之有关的诗词作品。（4分）

小木：都是《故乡的野菜》，汪曾祺的文章真是无趣，尽是大白话，一点文学味儿都没有，根本比不上周作人的典雅别致、底蕴深厚，即使是最普通常见的野菜在他的笔下都显得与众不同。

西西：这叫平淡质朴，如话家常正是汪曾祺的语言特色，看似白话，骨子里却是满满的生活气息。那种活泼灵动比周作人半文半白的滞涩不知强上多少倍。

美食任务三：《故乡的野菜》属于同题作文，汪曾祺写，周作人也写，但内容相同又相异，你怎么看这两篇作品？（8分）

舞 台 人 生

四、一进入戏剧体验区，小木就发现已经有不少同学拿着材料手舞足蹈地入戏了。之前听说学校戏剧社打算借这次游园会"招新"，但他和西西对表演都没兴趣，又赶上西西临时有事要离开会场，他们约定20分钟后再联系。请你认真阅读《一只马蜂》的节选文字，参与小木、西西的微信对话吧！（18分，每空2分）

余 小 姐：（高兴）我想我们一定会变作好朋友，她（即吉小姐）来的时候，老太太一定要叫她写信给我。

吉老太太：（向吉）你有她的照片没有？

百年歌阕
中国现当代作家作品研习

吉 先 生： 有一张的，不知到哪里去了。

余 小 姐： (忆起)喔，吉先生信里，说老太太要我一张照片，我今天带来了。(走向小桌)

吉老太太： (不解)我没有说要照片。(向吉)我几时……

吉 先 生： 你怎么没有讲？真是有了年纪的人，说过去的话，不要几天就忘了。

余 小 姐： (装不听见，由钱包里取出一张小照片)这一张不大好，不十分像，等以后有了好的时候，再送老太太吧。(以照片送给老太太)

吉老太太： (看照片)你已经长得很好看，这张照片更加好。

吉 先 生： (向老太太取了照片，取笑老太太)你平常最讲究会说话的，怎么今天自己把话说差了？你应该说，这张照片固然好看，但是总不及照片的主人好看。(与余对看了一眼)

吉老太太： 我是说的老实话。

吉 先 生： 你们还坐一会儿才去吧？(向老太太)我送你一个好看的相片框子。(吉带照片由左门走出。两人不语者片刻。老太太对余注视，余不知所语，取了一块糖来吃)

吉老太太： 余小姐，我有几句话，很久就想同你谈谈。(将椅移近，余忙将口里的糖吞下，理了一理裙子，坐直了身子，用心地听)我想你一定以为我是一个很爱舒服的人，你知道我年轻的时候，很过了些辛苦的日子。我们吉先生，从小就没了父亲，家里大大小小的事情，都全靠我一个人去问，连他们的书，也都是我自己教他们。差不多吃了二十年的苦，才把他们带到这么大。现在他们什么事都用不着我去担心。不过还有一件，我放不了心，就是他们还都没有成家。(余的身子略微地颤动了一下)这一层，我也同吉先生说过好几次，他都不把它当一件事。——我也不知道他到底是什么意思。现在子女的婚姻，本来也用不着父母去管，所以我也只好由他们自己去。(叹了一口气，略顿)我有一个表侄。(余转了一转身子，恢复了自然的呼吸)你大概也认识他，他到医院看过我。他虽然只看见过你几次，但是因为他时常听见我说你怎样的好，所以他很敬重你。他向我说了好多次，托我说媒，我都没有提过。因为我自己儿子的事，我都不管，我哪里有工夫去管旁人家的事？不过他说，他一来不知道你的意思,所以不好向你开口,二来就是想对你说,也没有个好的机会。他,人是一个极好的人,他学的是医道,现在预备自己挂牌行医。他的脾气很好。也是一点坏的嗜好都没有。——喔,我知道我是一个很腐败的老太婆,说媒的事,是你们现在最不欢喜的。要是这样,我请你不要生气。

余 小 姐:(如梦初觉)我很感谢老太太的好意,哪有生气的道理?

吉老太太:他还想在我回南之前,得一个回信。我想这也不是立刻就要怎样的一件事,你如要细细想一想,你回去写封信告诉我,我想也没有什么不可以。(略顿)你的意思怎么样? 你有什么话,尽可对我说,你知道我差不多把你同自己的女儿一样的看待。

余 小 姐:(思索了一会,打定了主意)我想我们年轻的人,一点经验没有,什么事都全靠年纪大一点的人到处指点教导。老太太的意思怎么样?

吉老太太:喔,这是你自己的事,总得你自己做主。

余 小 姐:老太太的意思,如果觉得很好,那自然不会有错。

吉老太太:那我就说你很愿意?

余 小 姐:不过我想总得写一封信回去,问问父母的意思。

吉老太太:不错,不错,自然应该这样。那你就写封信回去,等你接到家里回信之后,再说吧。

余 小 姐:我想单由我写信去,还不十分妥当。

吉老太太:那有什么不好?

余 小 姐:可以不可以请吉先生写一封详细的信,把老太太的意思告诉我家里,我再另外写一封信,一齐寄去?

吉老太太:不错,不错,应该这样。回来我对吉先生说一说,叫他写起一封信来。写好了,我叫一个人送给你。你说好不好?

余 小 姐:老太太的主意很好。

吉老太太:我们还是坐一会,还是就到公园去?

余 小 姐:老太太意思怎么样?

吉老太太:我们就去好不好? 我叫他们去请吉先生去。(走去压电铃)

百年歌阅

中国现当代作家作品研习

余 小 姐：我借你们的电话用一用。

吉老太太：在那边院子里，你知道。（余由右门出，仆人由左门入）你去请吉先生，就说我们现在到公园去了。（仆人由左门出。老太太坐回原处。若有所思）

吉 先 生：（由左门入，手里拿了照片，装好了框子。进来之后，将照片放在书架上，看了一看，移动一回）余小姐哪儿去了？

吉老太太：（沉思中）打电话去了。

吉 先 生：（坐到小椅上，取了一块牛奶糖，慢慢去其外皮，随便地问）你的媒做得怎么样，问了她没有？

吉老太太：问过了。

吉 先 生：她怎么样讲？（将糖送至嘴边）

吉老太太：她很愿意。

吉 先 生：（将糖由嘴边拿回）她很愿意？她说很愿意么？她怎样说？

吉老太太：她没有说什么。

吉 先 生：她没有说什么，你怎样知道她很愿意？

吉老太太：这用不着说的。

吉 先 生：喔，不错，这一类的事是用不着明说的，是不是？同天气一样，只要看看天色就知道了。（老太太对他严厉地看了一看）那么，已经定了？

吉老太太：她还要写封信回去，问问她的父母，要等……

吉 先 生：问问她的父母！（解悟）喔！（把一块糖投入口中）

吉老太太：你笑什么？你笑她把她的父母太看重了，是不是？我听了很欢喜。

吉 先 生：没有的事！我听了也很欢喜！（又拿了一块放进嘴去）她说了什么时候写信没有？

吉老太太：她要请你替她写。

吉 先 生：要我替她写！这真奇怪。我又不是她的亲兄弟，亲叔伯，她为什么要请我替她写信，这不是奇而又奇的事？

吉老太太：你看了奇怪么？我看了一点也不奇怪。

吉 先 生：为什么不奇怪？

我 学 我 秀

吉老太太： 因为——因为你还没有认出她。她是一个大户人家出来的女孩子，知道什么是应该说的，什么是不应说的。她知道害羞。

吉 先 生： 喔喔！女孩子！害羞！（又拿一块糖放进嘴去）

吉老太太： 怎么你向来不吃糖的人，今天爱吃起糖来了？

吉 先 生： 今天的糖特别有味儿！（高兴，跳起）你们现在就到公园去么？

吉老太太： 等余小姐打完了电话。

吉 先 生：（想了一想）你不换一件衣服？

吉老太太： 不过是到公园去坐一坐，谁再去换衣服？

吉 先 生： 可是天气很凉，不换，也应该加一件。——在哪里，我替你去拿，好不好？

吉老太太： 我自己去，你不知道。（吉开右门让老太太走出，将门关好，走到书架，取照片在手，细细地审看。将照片放回，在屋里走了两转。余由右门入）

（节选自丁西林《一只马蜂》）

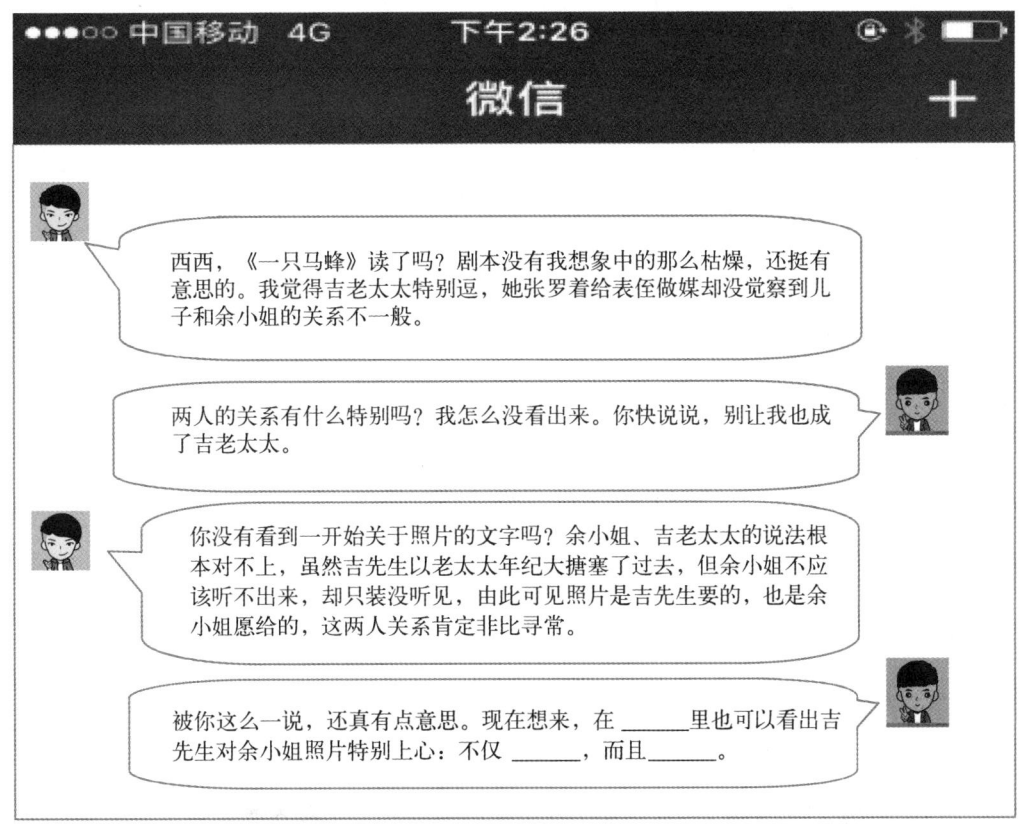

微信

——中国移动 4G 下午2:26

微信 +

看来戏剧和小说还真不一样，不能光顾着情节，还得细细咀嚼语言，就连你刚才提的＿＿＿＿也不能放过。比如后半部分文字频频提到吉先生吃糖这一细节也很值得玩味，可以看出人物的心思。

对！"取了一块牛奶糖"时，＿＿＿＿；"将糖由嘴边拿回"时，＿＿＿＿；"把一块糖投入口中"时，＿＿＿＿；"又拿了一块放进嘴去"时，＿＿＿＿。

最妙的是老太太说"你"向来不吃糖，吉先生回答"今天的糖特别有味儿"。前者说的是事实，而后者说的却是心情，不是糖特别有味儿，而是＿＿＿＿。

真是太有味儿了！恨不得能马上读到完整的版本，看看那只马蜂到底长什么样！

真实与虚构

五、进入小说主题活动区前，远远就能看到宣传语：我们找的就是你——小小小说家。走近细看，小木发现有三个活动任务卡及活动规则：将结果写在主办方提供的纸上，再张贴到指定区域，游园活动结束时以点赞区所得"赞"（心形）多的人获胜，并予以奖励。你不妨也发挥想象试试，看看能得几个"赞"吧！（17分）

（一）

蛇皮剥开了，老瞎子从琴槽中取出一张叠得方方正正的纸条。他想起这药方放进琴槽时，自己才二十岁，便觉得浑身上下都好像冷。

小瞎子也把那药方放在手里摸了一会儿，也有了几分肃穆。

"你师爷一辈子才冤呢。"

"他弹断了多少根？"

"他本来能弹够一千根，可他记成了八百。要不然他能弹断一千根。"

我 学 我 秀

(二)

　　小瞎子哭了几天几夜,老瞎子就那么一声不吭地守候着。火头和哭声惊动了野兔子、山鸡、野羊、狐狸和鹞鹰……

　　终于小瞎子说话了:"干吗咱们是瞎子!"

　　"就因为咱们是瞎子。"老瞎子回答。

　　终于小瞎子又说:"我想睁开眼看看,师父,我想睁开眼看看!"哪怕就看一回。

　　"你真那么想吗?"

　　"真想,真想——"

　　老瞎子把篝火拨得更旺些。

　　雪停了。铅灰色的天空中,太阳像一面闪光的小镜子。鹞鹰在平稳地滑翔。

　　"那就弹你的琴弦,"老瞎子说,"一根一根尽力地弹吧。"

　　"师父,您的药抓来了?"小瞎子如梦方醒。

　　"记住,得真正是弹断的才成。"

　　"您已经看见了吗? 师父,您现在看得见了?"

　　小瞎子挣扎着起来,伸手去摸师父的眼窝。老瞎子把他的手抓住。

　　"记住,得弹断一千二百根。"

　　"一千二?"

　　"把你的琴给我,我把这药方给你封在琴槽里。"老瞎子现在才弄懂了他师父当年对他说的话——咱的命就在这琴弦上。

(节选自史铁生《命若琴弦》)

任　　务	展　示　区	点赞区(♡♡)
任务一 根据节选的小说片段,合理想象,简单续写小瞎子的人生故事。(8分)		
任务二 请陈述你对小瞎子人生做如此安排的理由。(3分)		

续表

任　　务	展　示　区	点赞区(♡♡)
任务三 人生的真相有时是在文字的虚构和假设里完成的,小说是虚构的,但同时又无比真实。假设你是作者史铁生,你想告诉读者怎样的人生思考。(6分)		

璀璨星河

六、游园会出口处,两人看到一幅浩瀚星空图,上面写着这样的文字:

如果说整个现当代文学是一片澄澈星空,那么每位作家都是一颗夺目明亮的星星,他和他的作品及所创造的人物自成星座,而又与其他志趣相投、文气相近的作家集合成星系部落,唯其和谐,方能辉映。

下面几组被打乱了"星星密码",请调动你的知识储备帮忙整理并重新填回表格(20分)

	A	B	C	D
1	林语堂	倾城之恋	"莫谈国事"	姚木兰
2	余秋雨	文化苦旅	以自我为中心,以闲适为笔调	亚洲铜
3	张爱玲	京华烟云	你就是医我的药	秦仲义
4	顾城	一代人	黑夜给了我一双黑色的眼睛	象征主义
5	鲁迅	王圆箓	这个女人那,不寻常。	为人生
6	老舍	茶馆	鲁四老爷	范柳原
7	汪曾祺	边城	以梦为马	阿庆嫂
8	沈从文	沙家浜	这个人也许永远不回来了,也许"明天"回来!	道士塔
9	戴望舒	雨巷诗人	丁香姑娘	朦胧诗派
10	海子	白塔	面朝大海,春暖花开	可恶,然而

新课标
新语
新学习

知识附录

生活的全部意义在于无穷地探索尚未知道的东西,在于不断地增加更多的知识。

——左拉

你读到这一部分时,即将与这本书分别,请收藏好我们给你的最后情谊。"参考答案"是对"我思我在""实践笃行"和"自我评估"中思考题的回答,更多的是提供思考的方向;此外,"其他附录"中收录了与这个学习任务有关的一些资料和推荐书目。

学习之旅有涯,而学习无涯,我们的目光在旅程结束之时变得更加情意绵长,因为我们知道,你的道路才刚刚开始。孩子,祝福你!愿你在语文中获得幸福,在生活中得到力量!

参考答案

※ 我思我在

专题1

二十世纪中国文学纪事

1. 示例：(1)"正是这一校一刊的完美结合,使得新文化运动得以迅速展开。""完美"一词可见作者对于《新青年》历史价值的肯定。(2)"如此百家争鸣、互相砥砺的局面,至今仍令人怀念不已。"既有对当年文学氛围的怀念,也有对当今文坛的批判。(3)"其功绩固然值得表彰,其缺失与遗憾,也'应具了解之同情'。"尽管话语上有所保留,但可以看出作者并不认可左联的文学主张,对其历史影响也不持赞赏态度。(4)"女作家的迅速崛起,绝对是个标志性事件。"作者的欣喜溢于言表！

2. 示例一：我更赞同文学研究会的文学主张。文学研究会是"五四"时期规模最大、影响最广的文学社团。文学研究会虽然没有统一的文学主张,但他们的共同态度是要求文学表现人生、指导人生,反对封建文学和鸳鸯蝴蝶派等游戏文学,在创作中表现出现实主义的倾向,被称为"人生派"。

示例二：我更赞同创造社的文学主张。创造社是"五四"时期最有创新精神的文学社团。创造社既反对封建文学,又不赞同在文坛上"异军突起"的"人生派"文学,要求把文学看作自我表现的形式,受到西方浪漫主义、唯美主义、表现主义和日本"私小说"等多方面影响,带有明显的"为艺术而艺术"的色彩,被称为"艺术派"。

3. 此题意在鼓励大家去发现中国现代文学的颠覆与创造价值,形成独到的文学见解。如果你觉得1917年是新文学的开山之年,最有突破意义,我们认同你的说法。如果你认为1941年中国女性文学的崛起最有突破意义,因为中国历史上从来没有出现过女性作家群体崛起的现象,那么我们为你的深刻见解而鼓掌。如果你认为1945年延安文艺讲话对新中国文学走向带来了深远的影响,因此最有突破意义,这样的观点也同样值得肯定。

百年歌阕
中国现当代作家作品研习

《中国现代小说史》序

1. (1) 最大缺失：缺少宗教感，对于人生道德问题的反思极为肤浅。(2) 最大收获：富于人道主义精神，肯为老百姓说话。

2. 对这一观点的看法主要取决于对"伟大作品"的定义。如果像作者一样将富于宗教意义的作品视作"伟大"，则此观点有其合理性；如果我们认为文学技巧的突破本身也很"伟大"，则当代物质丰裕之后也能产生"伟大"的作品。就南美文学而言，博尔赫斯、马尔克斯、略萨等人并不具有宗教情怀，可他们的作品因为别样的创作风格而被当代小说家及评论家视为经典。中国的格非、叶兆言、金宇澄等作家并没有经历太多的苦难，可他们在小说叙述方式上刻意创新，也开创了自己的一片天地。

3. 在《中国现代小说史》一书中，作者专章述评的小说家共有 10 位：鲁迅、老舍、茅盾、张天翼、巴金、吴组缃、沈从文、张爱玲、钱锺书、师陀。其中张爱玲、钱锺书算是作者的新发现。作者最欣赏的大概要数鲁迅《呐喊》《彷徨》、张爱玲《金锁记》《倾城之恋》、钱锺书《围城》、沈从文《边城》、巴金《家》《春》《秋》。

专题 2

太 阳

1. 从远古的‖墓茔/从黑暗的‖年代/从人类‖死亡之流的‖那边震惊‖沉睡的‖

   山脉/若火轮‖飞旋于‖沙丘之上/太阳‖向我‖滚来……

2. "太阳"象征着"光明、希望和新生"，表达了作者对进步、民主、新生活的向往。可以从"黑暗""死亡""沉睡""冬蛰""陈腐"等词语对比看出。

3. 如诗歌的最后一节，诗人要表达的是光明和希望到来后人们的喜悦之情。这种情感是隐含于内心的，是"虚"的，如何把它传达出来？作者找到了"虫蛹转动""群众在旷场上高声说话"等具体的意象，用"实"的事物把它形象可感地表现了出来。这就是诗歌表现中"虚实相生"的艺术。

知识附录

在寒冷的腊月的夜里

1. 提示：注意用深沉、凝重、悲壮的语调串联各意象，保持情感的连续。

2. 饱经沧桑的老人，还在寒夜里为生计奔波，已然令人悲痛；而子辈本应代表新生和希望，然而他们长大成人后，仍和父亲"一样地"，儿子将和父亲一样地劳作，一样地辛苦，一样地疲惫，一样地麻木和呆滞，民族的苦难就这样一代一代地延续下去，这样的意象鲜明而又深刻地表现了中华民族的悲哀与不幸。

3. 这不是消沉，而恰恰是对国家与民族苦难的正视，包蕴着对消逝的生命力的思考。诗末"静静地，正承接着雪花的飘落"，写出了中华民族的坚韧。

什么能从我们身上脱落

1. 略

2. "秋日的树木"把枯黄的树叶和凋零的花朵交给秋风，"蜕化的蝉蛾"把残壳都丢在泥土里，"歌声从音乐的身上脱落"而留下歌曲，留下音乐本身而永恒。那么我们人类，那些注定要"从我们身上脱落"的，也许只有让它们"化作尘埃"，回归于一脉青山，才能永生。诗人从自然生命的律动、从季节的变迁中，冷静地审视生命新陈代谢的历程，思索生命的终极价值。

3. 略

回　　答

1. 提示：可以到网上搜索名家朗诵的视频或音频，反复学习，认真揣摩。

2. 这两句诗十分突兀，与人们通常的道德规律相悖，卑鄙者，如"四人帮"反动派无所不为，无所不能，却畅通无阻；高尚者，像张志新恪守道德，坚持理想，却走投无路。

3. 示例："镀金的天空"可理解为黄昏时分，夕阳斜照天空上的云朵，在云端映着金黄的色彩。在这里，"镀金"揭示虚假，"弯曲的倒影"暗指冤魂，二者形成鲜明的对照。将两行诗句一并考虑，我们不难发觉其中隐含着死亡的意义。"冰川纪"指冰河时期，是人类历史发展中的一个时代，当时由于气候异常寒冷，所有生物都无法生存。这里，若以人情冷暖的角度来看天气的冷暖，那么，这个冰川纪指的便是人情极度冷酷的时代。"好望角"，它位于非洲南端，那里多暴风，但经此可通往遥远而富庶的东方，因此也称为"好望角"，意为只要经过好望角，便有望到达富庶的东方，得到梦寐以求的财富。因此这里用"好望角"隐喻有望实践梦想,达到光明而理想的目的地。

短诗一组

1. 略

2. 提示:要借助想象,走入作者创设的诗境。可以想象这位日本女子娇羞地低头鞠躬的动作、神态,可以想象她的话语及其他动作。

3. 示例:

《理发店》:诗人没有以逻辑来构筑诗篇、阐明诗意和触发感情,而是以大幅度的意象跳跃、无关联的词语,运用意识流的写法、庄禅哲学的顿悟来表现人际之间的隔膜。第一句,诗人便提及理发店的人和物,顺承而下——"理发匠"和"胰子沫",然后说"同宇宙不相干"。的确,"胰子沫"和"宇宙"想要建立起直接联系是不太可能的,又似乎带着一点诙谐或者突兀之感,但紧接着一句"又好似鱼相忘于江湖"就让人渐渐知晓,此"沫"非彼"沫",正和"相濡以沫"遥相呼应,迎合了庄子的那种"相忘于江湖"的大意境,然后相互交融,令人从狭小的理发店看到了人生百态。然后诗人开始注意另一个事物"剃刀",同样是理发店的寻常物。可是诗人却用一句"想起人类的理解",让人一时无措,而这正是诗人的高超之处。一方面,运用穿插叙述的方式,打破传统结构,产生新意;另一方面,剃刀的拟人化思维正是作者所要表达的思想,说明人类理解时的那种深深浅浅,一笔一画式的象征方式来拓展整个诗篇的精神维度,并且真正起到承前启后的作用。而后被作者瞄准的就是"无线电"了,在作者怀着某种心情在剃胡须的时候,下等的无线电突然开启,"下等"表现诗人的那种鄙夷之情。何以鄙夷?后面诗人就说了,是灵魂之吐沫,这不就是与灵魂的"相濡以沫"吗?因为作者深深地感觉到了人情冷暖,隔膜与疏离,牵扯却陌生之感,一时之间产生了厌恶鄙夷,可是这种厌恶仅作停留,因为作者需要的是"相忘于江湖"的博大胸怀和坦荡从容的气魄胸襟。

《远和近》:这首诗虽只有短短的6句,却容纳了对历史反思的丰富内涵。"远""近"是物理距离概念,这是客观存在,有科学的衡量标准。但在情感作用下产生的心理距离却不同,"远"可以变"近","近"可以变"远"。诗中用"你""我""云"心理距离的变换,曲折地反映了人与人之间的隔阂、戒备,以及诗人对和谐融洽的理想人际关系的向往、追求。

诗中的"你""我""云"3个意象都具有一定的象征意义。"你""我"都生活在客观现实中、同属于社会的组成人员,"云"则象征着美丽淳朴的大自然。"你看我时很远",这是地近心远,"咫尺天涯";"你看云时很近",这是地远心近,"天涯若比邻"。诗人这种"人远天涯近"的辩证感情方式已成为人审美理想的发展方式,即"由客体的真实,趋向主体的真实,由被动的反映,趋向主观的创造"。

《秋》:诗人很好地运用了中国文字的文化背景。"神"在中国的传统文化中代表"完美、尊贵";"家"给人的感觉是"故乡、家园";而"鹰"在中国的文化意识中,代表的是"力量、掠夺";"集合"一词又是一个军事术语。有这些文化意识做背景,我们就会明了"神的家中"的喻义是"人类理想的精神家园";而"神的家中鹰在集合"代表的就是"人类的精神家园被强力侵犯了"。至此,这个世界就会陷入一片凄风苦雨中,只能给诗人以"秋天深了"的感觉。"神的故乡鹰在言语",是说"人类理想的精神家园"被强力侵犯了,只有鹰在言语,存在的只是鹰的意志,而"秋天深了,王在写诗",也就是诗人自己在写诗,诗人以"王"自喻,"王"的文化背景含义是"权势、权贵",代表的是诗人自尊的人格和对强力的不满与反抗。

专题 3

故 乡 的 野 菜

1. 妻子说西单有荠菜,"我"就即刻想起家乡浙东的事,引出对故乡的追忆,说明作者对故乡怀有深挚的思念之情。生活中,我们都会有类似的经历(例略)。合理运用联想手法可以让文章内容更丰富、人物形象更鲜明、情感表达更真切,从而增强作品的艺术感染力。

2. 文章开头写"我的故乡不止一个""故乡对于我并没有什么特别的情分",故乡和我的关系也不像"亲属"般亲密,运用了欲扬先抑的手法,打开了对于故乡的记忆,突出了对故乡的思念之情。同时,也体现了周作人追求自然平淡、崇尚简素、抑制感情的审美追求。

3. 作者写的是乡间田野的普通野菜,在他笔墨的点染中,不时引述中外典籍,插入民谣、俚歌和谚语,这样处理的表达效果主要有:写出了三种野菜的一些趣味性知识,丰富了文章的内容,增添了生活的情趣;以古证今,不仅把对故乡野菜的描写提高到了民俗的层面上,更提高到了文化的层面上,使乡情显得更为醇厚和深沉。

聂子其人

1. 从胆量胆识、对待文化、为人处事、个人成就与心态等方面写出了聂子胆小而又耿直,守旧而又纳新,独行而不孤傲,退避而不冷漠,顽强乐观的性格特点。

2. 文章结尾处连用三个"子曰""来自",增强了表达效果,且化用《孟子》《论语》中的名句,不仅是对聂子本人的褒扬,也是对像聂子一样的文人的高度赞扬,即使他们不能成为如孔子、孟子等那样的大家,但他们用自己的人格和精神,筑起了中国文学的脊梁,给人以极大的鼓舞与启迪。

3. 示例:我不赞同。从文章的内容来看,前面几段重点写的是聂子的多面性格,表现出了聂子的独特个性,后面几段重点写的是聂子的精神与影响。而第5、第6段侧重对聂子性格的总结,如果把它们放在文章结尾,就无法凸显文章的主题。所以,我认为原文的处理是恰到好处,意味深长。

轻轻地走与轻轻地来

1. 示例:"复杂的世界尚在远方,或者,它就蹲在那安恬的时间四周窃笑,看一个幼稚的生命慢慢睁开眼睛,萌生着欲望",传递出了史铁生的生命体验:生命诞生时与世界的第一次接触只是简单的、粗浅的;人生的长途跋涉中会有许多的痛苦、无奈与苦难突然横在你的人生道路中间,让你猝不及防地被摧残,受折磨。"真是神奇。很可能,生和死都不过取决于观察,取决于观察的远与近",写出史铁生对生与死的深度思考——生和死都不过取决于观察的远与近。这说明生与死不是对立的,死会因为观察的远近变为另一种形式的生。因此,史铁生做到了"于生中看死,以是淡然;于死中看生,最是超脱"。作者这样表达,既照应了标题中的"轻轻地",又写出了作者积极面对生、淡然面对死的超然情怀。"我一心向往的只是这自由的夜行,去到一切心魂的由衷的所在",写出了作者渴望冲破"白昼的魔法",摆脱病躯的束缚,追求精神的自由,表现了作者参透人生、积极豁达的人生态度。

2. 本段用了一些短句,如"他闭上眼睛,有点怕,不知所措,很久,再睁开眼睛,啊好了,世界又是一片光明",不仅使描写更加形象、细腻、生动,与下文"我的眺望"和"我在眺望"相印证,为后文的抒情议论作铺垫。

3. 说"死与你我从不相干",是因为史铁生感悟到了生命的"永在",这充分折射出了史铁生的生死观——看透人生,彻悟生死。所以,他才会"坦然赴死",才会"把死当作一个节日",才会有"生和死都不过取决于观察""盼望站到死中,去看生"的哲思。"从不相干"四个字,让我们看到了史铁生的智慧与坚强,让我们懂得了生命无限的意义。

寒 风 吹 彻

1.(1) 指人在中老年时,总要回忆往事,感悟人生哲理,总结一生的经验教训。

(2) 运用了比喻的手法,把每个人经受的苦难与挫折或心灵上的打击与摧残比喻为落在一生中的雪,它们会给人带来巨大的伤害与创伤,使人无可奈何,孤独无助。

2. 此题要让学生紧扣文本进行分析,让学生看到文章不只是在抒发人生的悲苦之叹,也体现出了对生命的热爱,对美好的追寻。如:围抱火炉取暖,给"路人"温暖的帮助,经常看望姑妈,暗下决心经常回来看看母亲、陪母亲说话,坚信肯定能走过冬天……

3. 结合自己观察到的弱势人群,从四个层面进行切入:(1) 时间上,是否一生被寒风吹彻;(2) 空间上,是否每个地方都被寒风吹遍,且无法逃避;(3) 程度上,是否吹得人"痛彻骨髓";(4) 广度上,是否一批人都被寒风吹彻。

专题 4

边 城

1. 略

2. 爷爷是典型的茶峒边民,他勤劳善良、淳朴厚道、忠于职守,对翠翠充满了爱怜。这里的边民是一群无比淳朴、正直、向善、信仰简单而执着、自由、充满了生命力的人。他们拥有"优美、健康、自然,而又不悖乎人性的人生形式",彼此间无比和谐与真诚,有着健康、完善的人性,没有尖锐的阶级斗争,是历经磨难而又能顽强生存下去的底层人民。

翠翠璞玉浑金、玲珑剔透、健康明丽,是作者倾力塑造的人物形象,近乎作者心目中理想的女神形象,在她身上,折射着湘西淳朴的人性美、自然美,也凝聚着作者对乡村世界生命形式的喜爱之情和其生存方式的深沉思考。

3. 沈从文的小说表现着强烈的生命关怀意识和对生命重造的理性探索,也对湘西人自由生命的浑然不觉、缺少生命的主体性作出了反思。在湘西这样一个汉文化道德并不发达的地方,感情是至上的,一个女子爱上一个男子并且怀孕并非一件令人不齿的事情。然而翠翠的父母的确先后自杀了。前者为的是军纪,后者为的是伦理之情。本质上,这个悲剧还是人性的悲剧。

围　城

1. 赵辛楣是苏文纨热烈执着的追求者,暗恋苏文纨二十年,她却爱上了方鸿渐,又在他和方鸿渐之间玩着恋爱游戏,于是方鸿渐成了赵的假想敌。这位"反对者"在酒宴上企图借助两位朋友董斜川、褚慎明,一个诗人、一个哲学家,来挫挫假文学与哲学博士方鸿渐的锐气,揭他的短,争风吃醋,以获得苏文纨的垂青。

2.（1）以抽象的观念道理"谢林的绝对观念"来比喻具体的事物"眼睛",把眼睛鼓出比作子弹出膛险挤破镜框,夸张地把褚慎明呆呆地不眨眼睛地盯着苏小姐的猥琐好色的丑态呈现出来。

（2）不学无术、寡廉鲜耻、自诩为哲学家的褚慎明,在众人面前故作高深、自以为是、咄咄逼人,抓住"数理逻辑很难学"这种口语表达的习惯简省,非加上"听说"二字,以显示自己哲学家在概念思维上的精确严谨。

3. "围城"的意义。(参照温儒敏《怎样读围城》)

（1）社会层面:《围城》所写的是旧社会的一个小小的漩涡,曲折深刻地反映了那个社会的一个角落,是行将崩溃的社会生动的写照,是对那个腐朽社会的抗议。

（2）文化层面:钱锺书把他的《围城》写成一个"新儒林"。他写知识分子的困境、弱点,他通过这些知识分子的"新",来看他们身上最旧的、最可怜的东西。他主要通过人物的文化心态剖析,第一号人物方鸿渐对传统文化是看不起的,但又很留恋,所以说他的心态实际上是中外文化冲突所产生的那种矛盾的心态,无所依恃,没有主心骨,无所依恃,没有生活的目标,方鸿渐就是这样一个人。在方鸿渐身上,就带有钱锺书对文化的一种思考,一种批判。

（3）哲学层面:如果你读完这个小说以后,把它充分地简化,抽出几条来,可以注意两个词或两个动作,一个动作叫"进城",一个动作叫"出城"。这两个动作反复出现,进城然后又出城,然后又进城,再进再出,整个小说就写这个。

倾城之恋

1. 范柳原在相亲时请白家人看电影、吃饭跳舞。三太太认为问题出在范柳原身上,她认同媒人的猜想,范柳原安排看电影在"掏坏"——"他要把人家搁个两三个钟头,脸上出了油,胭脂花粉褪了色,他可以看得亲切些",认为范柳原始终就没有诚意,懒得应酬。四奶奶却认为不是范柳原的问题,而是白流苏抢镜,共舞三次,勾引范柳原,"窝儿里的人在里头捣乱",故意破坏妹子的亲事。白家人认为范柳原是一个风流老练、世故多金的花花公子,而白流苏则是不害臊、猪油蒙了心、不守妇道、癞蛤蟆想吃天鹅肉的残花败柳。

2. (1) 白流苏在家人的挤兑与斥骂中非常镇静而不再可怜兮兮地委屈伤心求告,也不再有家人会对自己下半生关心的希望,通过点燃火柴蚊香的一系列动作,火花起而灭皆由我,主动地掌握着自己的命运,有着自立自强的冷静。

(2) 一歪身坐在地上,体现白流苏坚强内心的柔弱,她的性格是矛盾的。月白蝉翼纱旗袍这件衣服,衬托出善于低头、"冰清玉洁又富有挑逗性的"典型的东方美人形象。她搂住长袍膝部并郑重地贴在自己脸上,这个细节体现流苏对于自己美貌的自怜自知和依赖。

(3) 这句话体现了白流苏精神世界的巨大转变,由原来的想依赖父母兄嫂、恪守封建道德而最终不得已独立自主,独立思考自己的人生,决心寻找自己的幸福。流苏已经看清了自己被观赏的地位,她并没有痴痴幻想得到一份真爱,而是抱着以爱谋生的态度,发现女人与女人之间的战争是最残酷的,女性对同性的打压态度,是对男性的绝对屈从。女性的这种"奴性"即张爱玲所说的"贱"。这句话既可看作流苏的心里话,也是小说作者的切身感悟。

3. 没有跳出"食""色"圈子,在《倾城之恋》中,男女主人公最大的区别,一个希冀着来一场精神之恋,另一个只不过是要寻找物质的保障,无暇顾及心灵。范柳原是张爱玲作品中著名的风流浪子,然而在纵情声色的外表之下,他又是一个孤独地寻找真爱的人,表面看似无情,实际上对于"执子之手,与子偕老"的古典爱情故事心向往之,他游戏人生的态度只不过是他面对荒唐、庸俗、市侩和虚无人世的一种反抗和挑战。在范与白的"爱情攻坚战"中,充满了痛苦、无奈和最深沉的担忧。幸好,香港的沦陷帮了白流苏,也可以说是让两颗自私的心走到了一起。

褐色鸟群

1. 初看第1段,似乎时间、地点、人物、情节都有交代,仔细分析却发现这些描述十分含糊,这点与中国传统现实主义小说截然不同。"季节"是什么季节? 在对时间的处理上,格非采用的不是现实主义直线型的因果逻辑链式的时间。小说发表于1988年,"我"讲述1992年,即未来的时间,再遇穿栗树色靴子的女人,而这个故事却是"我"的"回忆",那么小说开篇的"眼下"即是1992年以后的未来。小说结尾的"不知过去了几个寒暑春秋",则又把小说的时间推向了更加久远的将来。由此可见,该小说的时间是混乱的。关于地点,"水边"又是什么地方? 后文中甚至把"水边"叫作锯木厂边的臭水沟,但据"我"调查,"水边"并无锯木厂。叙述者的身份亦不明确,既可以理解为主人公的自述,也可以看作叙述者即作者本人关于书写小说本身的自白。

2. "褐色鸟群"隐喻时间(记忆),"画夹"隐喻着艺术与生活的关系,"镜子"隐喻着现实主义反映生活的方式。

3. (1) 先锋小说的叙事时间错乱,只能借助"画夹""镜子"等意象让小说的叙事连贯起来,让小说的叙事显得不那么凌乱。(2) 在叙事时常运用虚构、想象等手段。(3) 拆除了虚构与真实之间的界线。(4) 常采用多种方式故意去颠覆传统的叙事模式。

专题 5

日　出

1. 陈白露希望离开,但完全不知道自己离开之后能干什么。当方达生希望她能结婚时,又勾起了她对过去曾经拥有一段失败婚姻的回忆。陈白露对之前的丈夫依旧思恋,内心对那段充满浪漫爱情、充满自由快乐的生活依旧怀念。为什么她处于这样的矛盾之中? 因为她渴望着美好的生活,但又害怕面对未来的生活。

2. (1) 在那种地方(妓院),小东西那么弱小的女孩怎么可能生活下去。(2) 我和诗人曾经有过一段精彩的生活,我也曾真正爱过他,这些都令人无法忘记。(3) 金八是坏蛋,是禽兽,他就一个人,你们为什么不联合起来将他打倒。(4) 这些打夯的男人强健有力,靠自己的能力本事挣钱养活自己,这才是真正的男人。

3. 这句话是剧中诗人小说《日出》中临死的老人的话,老人是行将就木的,但仍然保留着对于未来的向往。陈白露就如同小说中的老人,虽然内心存有善良、同情和对未来的一点渴望,但是自己深陷污浊的黑暗已久,再也无法拔出自己僵化的身体。所以等待陈白露的只能是死亡的结局。

耶稣·孔子·披头士列侬

1. 实际上,他们既没有去中国,也没有去美国,他们没有去世界上任何一个现实存在的国家。作者虚构了"金人国"和"紫人国"两个国家。"考察团"参观了这两个国家,发生了一系列令人啼笑皆非的故事。

2. 本剧中的孔子已经戏剧化了,与历史中真实的孔子形象有很大的不同。可以读一读《论语》,挖掘真实的孔子形象,或者利用网络搜索与孔子有关的作品,看看大家笔下的孔子是怎样的形象。

3. 只要是中国现当代作家都可以,当然应该是具有一定的影响力。比如钱锺书,一个既有丰富的学识,又幽默的作家,如果他加入这个行列,一定会使"考察团"发生的故事更加有趣,更启人深思。

蒋公的面子

1. 如第八幕的开始,时任道以吟诗引起交谈的话题;夏小山用典雅的文言回忆往事"或坐豁蒙楼茗话,或泛舟玄武湖,吹笛拍曲,陶然忘忧。如今家国破碎,故人离散,旧境如梦矣";最后壮年与老年夏小山时空重叠,共同演唱《长生殿》,更显文言古典意蕴。

2. 时任道的傲气在骨里,夏小山的傲气在心里,卞从周的傲气在肚里。作者作出这样的评价与三位教授对待赴宴的不同态度有关。时任道教授安守穷困,即便是为保护自己珍贵的藏书,也决不想赴宴巴结蒋公。夏小山教授"及时行乐",他想赴宴只不过是为了美食,对蒋公与政治都没有丝毫兴趣。卞从周教授愿意赴宴,他希望蒋公做校长后能够改变大学风貌甚至能够改变当时整个社会风气。

3. "究竟谁赴蒋公的宴"是一个难解的问题。在"文化大革命"那样的时代,"赴蒋公的宴"无疑是一段"黑历史",无论谁去了,谁都不会承认自己去了;无论谁没去,谁都有可能被别人指责赴过那场宴会。只有他们自己内心清楚有没有去。即使是大学教授,也无法甚至是"不敢"说出真相,这是那个时代最大的悲哀,最大的不幸。

专题 6

众荷喧哗

1. 在传统诗篇中,"荷"往往意味着纯洁与美好,而在这首诗中,作者将自己心中的恋人比作"荷",突出"荷"宁静、羞涩、深情的形象;"夕阳"不再预示着惆怅与落寞,而成为柔美的象征;"蝉"在古诗中经常用来感时伤事,也有标榜高洁之功能,而在这里它与"众荷"一起,用它们的喧闹来衬托"荷"的宁静与羞涩。

2. 情窦初萌——默默钟情——主动追求——渴望回应

3. 本诗主要运用动静对照的手法来烘托女公人公的形象。诗歌用"最静""最最温柔""最安静""寂寂"这些词语来描绘女主人公的特质,而与之形成对照的恰恰是作为背景的"众荷喧哗"。

生 命

1. (1)生命因短暂迅捷而愈显美好。(2)生命有其不确定性。(3)我们在填充生命的空白,生命在勾勒我们的善恶。

2. (1)诗人对生命的理解受到中国传统诗文思想的影响。本诗两段的结句与李商隐的诗歌"夕阳无限好,只是近黄昏"有异曲同工之妙。(2)诗歌中"夜雨""流星""迷雾""锦绣""彩线"等意象都是古典诗歌中常用的意象。(3)本诗的节奏与韵律明显继承了中国古典诗歌的美感。

3. (1)实用性语义功能,"熄了灯的流星""胜了"这两处的"了"都能标明完成时态。(2)"够了""算了"中的"了"则有助于表达感伤、哀叹的情感。(3)这几处加"了"字让语句的节奏和韵律发生变化,有助于增强诗歌的音乐性。

中国在我墙上

1. (1)"中国在我墙上"贯穿全文,作者由看墙上的中国地图,引发出对于"根"的追问,对"还乡"意义的理解,最终感慨"中国在我墙上",引人思考。(2)"中国在我墙上",一语双关,既指中国地图挂在墙上,也指故乡对"我"而言仅仅停留在墙上,可望而不可即,一般意义上的"还乡"对"我"而言,没有意义。(3)非常形象地抒发了一个离开故乡40年的漂泊者对于"故乡"的情感,不断寻觅,但故乡只是"在墙上",沧桑变幻,物是人非,内心矛盾纠结,无奈惆怅。

2. 游子对于祖国的眷恋正如孩子对于母亲的眷恋,不只恋着她的强壮、美丽,更为她的羸弱、衰老、丑陋而哀叹,为她受人欺凌而倍感痛心。文中这些描绘中国苦难与丑陋的句子很好地表现了作者对于祖国深沉而真挚的爱恋。

3. (1)树一直可以停留在出生的地方,而自己却一生漂泊行走。(2)树无须寻根,根和树为一体,而自己却远离了根——故乡。(3)树有自尊、自信,对自身处境和遭遇从不抱怨,而自己却难以坦然面对生活。

猛虎与蔷薇

1. 余光中认为作家如果只会运用白话文,反而写不出出色的白话文作品。很多优秀的作家能在白话文和文言文、外语和方言俚语之间自如切换,做到"白以为常,文以应变,西以为新,俚以见真"。

本文行文以白话文为主,可其中许多语句借鉴文言文的整句形式来表达,比如,"其一是男性的,其一是女性的;其一如苍鹰,如飞瀑,如怒马;其一如夜莺,如静池,如驯羊""有人的心原是虎穴,穴口的几朵蔷薇免不了猛虎的践踏;有人的心原是花园,园中的猛虎不免给那一片香潮醉倒"。文中的整句与散句浑然一体,看不出丝毫的裂痕。文中引用了大量古体诗,又征引了许多西方诗歌,但由于作者超高的语言驾驭能力,文中的西方诗歌翻译都很流畅,合乎汉语的表达习惯,从而避免了风格上的碰撞。

2. 本文首段由萨松的诗句引出讨论的话题,可第2段并未急于进入诗句内容的探讨,而是宕开一笔谈论诗歌与绘画艺术的相通之处;3、4两段揭示萨松诗句哲学上的深刻内涵,第5段列举大量中西诗文佐证第4段提出的观点;6、7两段将论证向前推进,讨论为何不同气质的人能相互欣赏,以及为何我们往往只会注意到某人身上的某一种气质特点;末段总结全文,正面阐述兼有"猛虎与蔷薇"气质的意义所在。

本文思维严密,论据丰赡,气势磅礴,具有很强的思辨性,同时由于作者大量征引中西诗文,再佐以辞藻华美的文句,本文的文学性也不容小觑。这是一篇思辨性与文学性兼具的论述性散文。

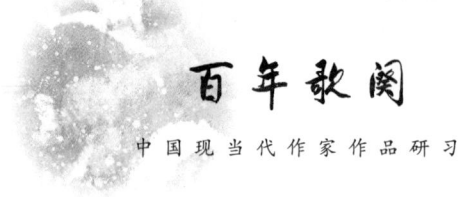

3. 略

满抽屉的寂寞

1.（1）本文回忆自己与徐訏先生的交往时不刻意煽情，谈徐先生的小说成就时不一味夸赞，都显得客观冷静。（2）第一部分交代自己四年之后才写这篇怀念文章的缘由，行文平和冲淡、丰腴迂阔；第二部分回忆自己与徐先生的交往，并着重谈他的小说创作成就，客观地评价其突破意义与局限所在，显得机智而幽默；第三部分描写徐先生的生活情趣，并简要评价其散文创作的风格特点，言有尽而意无穷。"寂寞"一词作为主线把本来联系并不紧密的三个部分串在一起。本文的选材和结构布局体现了作者的匠心。

2. "老"指衰老，意味着生命力的衰退和外表的邋遢不堪；而"旧"则是指遵循传统、不赶时髦，不紧不慢地行走在逝去的时光之中。"旧"与寂寞相通，与徐訏先生的整体形象相协调。

3. 示例：与其他语言一样，对外来语的吸纳、汉化，是汉语的生命力和魅力所在，但外来语如果不经翻译就蹿入汉语文章中，在一定程度上会影响汉语的纯洁性。董桥先生的写作有其特定的时代与地域背景，不值得我们效仿。

思 旧 赋

1. 本诗开篇的环境描写与"旧时王谢堂前燕，飞入寻常百姓家"（刘禹锡《乌衣巷》）中的描写相仿；本文的主要情节与"白头宫女在，闲坐说玄宗"（元稹《行宫》）所描述的情景相仿。

2. 顺恩嫂对李家的没落表现出无力的哀悼与哀叹，她"充满了悲戚的神色"，"嘴里喃喃念念"，"呷着干瘪的嘴巴直摇头"，"嗫嚅"地发问，话说一半就"咽住"，"十分凄楚"地叹气，"凄疠"地呼唤。而罗伯娘的抗议方式就激烈得多，她把抹布往水槽"猛一砸"，双手"往腰上一叉"，"肚子挺得高高的"，"冷笑了一声"。接着又在腰上"扎实的捶了几下"。当她叙述桂喜和小王盗窃玉器逃跑之事，她"抬起了案上一把明晃晃的菜刀，在砧板上狠命的砍了几下"，哼道："我天天在厨房里剁着砧板咒，咒那两个狼心狗肺的东西：'天打雷劈五鬼分尸。'"

两人的表现之所以会有如此差异，一是由于体格与本性上的反差，二是由于顺恩嫂已经退休而罗伯娘还留在李家。

知 识 附 录

3.(1)"好冷"巧妙地串起了小说里的几个人物,"好冷"是李夫人的临终遗言,而顺恩嫂则是因为梦见李夫人喊冷而特地赶回李公馆,犯痴病的李家公子双脚在泥地里冻得通红。(2)"好冷"串起了回忆与现实,数十年前南京清凉山李公馆里李夫人让顺恩嫂拿披肩的情景如今以梦的形式重现。(3)"好冷"揭示了小说的主旨。李府是传统文化的载体与象征,李夫人已逝,李长官将亡,小姐出逃,公子犯病,李家"绝后"已是不争的事实。对两位忠诚的仆人而言,这一结局"好冷"。

黄 丝 带

1."黄丝带"的象征意义大概有以下几个方面:(1)象征母爱与亲情,恋爱中的男女易生嫉妒之情,他们有时甚至不能容忍对方与家人的亲密之举。(2)象征传统文化与民族情怀,当时作者旅居美国,"黄丝带"隐喻着黄皮肤的民族血脉。(3)象征着人类脆弱的生命根基。

2.从表面来看,这则悲剧有性格悲剧的成分,是衣凡的怀疑与不安让达妮不得不揭开秘密;但如果我们注意到达妮反复强调"时候到了""时候就要到了""时候迟早是要到的""时候已经到了",那么这则悲剧从本质上来说是一则命运悲剧,也就是说"黄丝带"迟早会飘落,衣凡的怀疑与不安只起到了一定的催化作用。

3.小说的结尾出现了情节上的陡转,既在意料之外,又在情理之中;可这篇小说并不满足于让读者读到一个出人意料的结尾,而是用蝴蝶、蜡烛、玫瑰、睡莲等意象营造了一个非常凄美的意境,让悲剧的氛围变得更加浓郁。

※ 自我评估

一、示例:

新月派:闻一多《死水》《七子之歌》《红烛》,徐志摩《再别康桥》《沙扬娜拉》《翡冷翠的一夜》。

小说　文学研究会:茅盾《子夜》《春蚕》,王统照《春花》《山雨》,许地山《缀网劳蛛》《商人妇》。

散文　创造社：郁达夫《故都的秋》《江南的冬景》，成仿吾《守岁》。

东方的莎士比亚：曹禺《雷雨》《日出》。

二、（一）

示例：

你："恰若青石的街道向晚"中"青石的街道"给人一种幽远的联想，"向晚"则更增加了迷离的感觉，又一天的等待化作徒劳。

你：单独来看，马蹄踏在青石街道上的达达声确实清脆，但我们不要忘了达达只是马蹄的拟声，也只是错误的修饰语，马蹄声再清脆也改变不了我不是归人，只是从"你"的全世界路过的残酷现实。

你：我觉得在朗诵时应该尽量读得缓慢悲伤，无奈失落。

（二）

错　误

郑愁予

我打江南走过
△

那等在季节里的容颜‖如莲花的开落
·　　　　　　　　　　　　△

东风‖不来，三月的柳絮‖不飞

你的心‖如小小的‖寂寞的城

恰若‖青石的街道‖向晚
·　　　　　　　　△

跫音‖不响，三月的春帷‖不揭

你的心‖是小小的窗扉紧掩
　　　　　　　　　　　△

我达达的马蹄‖是美丽的错误

我不是归人，是个过客……

三、示例：

美食任务一：周作人——臭豆腐——《知堂谈吃》　鲁迅——罗汉豆——《故乡》

知 识 附 录

梁实秋——豆汁——《雅舍谈吃》

美食任务二：

鹧　鸪　天

辛弃疾

陌上柔桑破嫩芽,东邻蚕种已生些。平冈细草鸣黄犊,斜日寒林点暮鸦。　　山远近,路横斜,青旗沽酒有人家。城中桃李愁风雨,春在溪头荠菜花。

惠崇春江晚景(其一)

苏　轼

竹外桃花三两枝,春江水暖鸭先知。

蒌蒿满地芦芽短,正是河豚欲上时。

美食任务三：

不同的作家有不同的文章风格,我们在阅读时应该保有宽容的态度。汪曾祺先生的《故乡的野菜》充满了平易的生活味,野菜的品种、各种吃法如数家珍。同时语言接近口语,近乎白话,"卖枸杞头来!"更是带有一乡一地的特色。另外,读汪先生的文章还有一种读故事的感觉,常常会读到与某种野菜有关的作者本人的趣事。而周作人先生的《故乡的野菜》语言文白交错,这既有时代的因素,又与作者的语言习惯有关。在内容上后者更有学术性,引用诸如《西湖游览志》《清嘉录》《俳句大辞典》一类。简而言之,汪曾祺使得故乡的野菜有了烟火气、生活味,而周作人则让原本少人关注的野菜带上了浓郁独特的文人气息。

四、示例：

1. 舞台说明(舞台提示)。不仅主动提出要送一个好看的相片框子来装相片,而且对摆放也很仔细用心,还总忍不住看照片。

2. 舞台说明(舞台提示)。

3. "取了一块牛奶糖"时,佯装镇定;"将糖由嘴边拿回"时,着急紧张/惊慌不定;"把一块糖投入口中"时,恍然大悟/踏实安定;"又拿了一块放进嘴去"时,满心喜悦。

4. 前者说的是事实,而后者吃的却是心情,不是糖特别有味儿,而是今天的心情特别甜蜜,因为确定了余小姐对自己也有好感。

五、示例：

任务一：小瞎子开始心无旁骛地向老瞎子学习说书、弹三弦，希望能早日真正弹够一千二百根。和老瞎子的时代相比，喜欢听书的人越来越少，他只能去更偏远的地方。在那里，电匣子的魅力依旧不减，但现在他已经和师傅一样，只用它来丰富说书的内容以吸引听众，而不再试图用来找到朋友。"因为咱们是瞎子"牢牢地印在他的脑海里，"想睁开眼看看"是他日日夜夜不忘的梦想，弹够一千二百根是支撑他无数次翻山越岭、风餐露宿的动力。后来小瞎子也有了自己的徒弟，当然也是一个瞎子。终于在他奔走了六十年之后的某一夜他弹断了第一千二百根弦，于是他哆嗦地剥开蛇皮，取出药方，去抓药，结果自然和他的师傅一样，药方是张白纸，他依旧只能是个瞎子。只是面对小徒弟询问时，小瞎子告诉他自己记错了数目，该是一千四百根，并把那张药方纸封进了小徒弟的琴槽里。

任务二：每个人都有各自不同的人生经历，但从人类整体来关照，同类人群的个体差异又是何其微小，小瞎子总有一天会成为老瞎子，而老瞎子在若干年前也只是小瞎子，他们面对的是同一张空白药方，他们同样有想要看一看世界的心愿，于是他们努力，虽然结果是不可改变的悲剧，但他们的内心在努力时保持希望，在希望破灭后依然有着对后来者的爱护与鼓励，对生命的热爱与尊敬。

任务三：人的命有时就像这琴弦，拉紧了才能弹好，树立一个目标，生活或者生存的动力就会源源不竭，就像那八百根、一千根、一千二百根琴弦一样，就是三代瞎子说书人不断奔走、努力生活的强力支撑。

六、

	A	B	C	D
1	林语堂	京华烟云	以自我为中心，以闲适为笔调	姚木兰
2	余秋雨	文化苦旅	王圆箓	道士塔
3	张爱玲	倾城之恋	你就是医我的药	范柳原
4	顾城	一代人	黑夜给了我一双黑色的眼睛	朦胧诗派
5	鲁迅	鲁四老爷	可恶，然而	为人生
6	老舍	茶馆	莫谈国事	秦仲义

续　表

	A	B	C	D
7	汪曾祺	沙家浜	这个女人那,不寻常。	阿庆嫂
8	沈从文	边城	这个人也许永远不回来了,也许"明天"回来!	白塔
9	戴望舒	雨巷诗人	丁香姑娘	象征主义
10	海子	亚洲铜	面朝大海,春暖花开	以梦为马

其他附录

百年汉语致敬名录

他们是百年汉语长廊里的可致敬者,

以各种形式丰富和延伸着汉语的外延。

他们是中国百年间社会进程的记录者、解说者、翻译者。

他们让汉语有了思维的乐趣、秩序的美感和逻辑的胜利。

他们让汉语成为一种腔调、一种艺术和一种武器。

他们为汉语贡献了语种、教科书、思想和灵魂。

他们为汉语提供了另一种可能性和另一个天地。

鲁迅

鲁迅是中国最伟大的现代作家,没有之一。他对我们今天言说方式的影响,也远远超过其他作家。

陈丹青读鲁迅的结果,是发现鲁迅"好玩":"鲁迅作文,就是这样地在玩自己人格的维度与张力。他的语气和风调,哪里只是激愤犀利这一路,他会忽儿深沉厚道,如他的回忆文字;忽儿辛辣调皮,如中年以后的杂文;忽儿平实郑重,如涉及学问或翻译;忽儿精深苍老,如《故事新编》;忽儿温柔伤感,如《朝花夕拾》;而有一种非常绝望、空虚的况味,几乎出现在他各个时期的文字中——尤其在他的序、跋、题记、后记中……"

今天为什么我们还需要鲁迅？学者钱理群这样回答："他是另一种存在、另一种声音、另一种思维，因而也就是另一种可能性。"

林语堂

在汉语白话文发展这一百年的历史中，真正让林语堂不朽的，其实可能是他所倡导并努力践行的一种很特别的说话方式，具体说，就是幽默。1924年，林语堂曾在《晨报》副刊上连续撰文，大力倡导讲话、著文应该"humour"，并首次将"humour"一词译为"幽默"。林语堂说："凡善于幽默的人，其谐趣必愈幽隐；而善于鉴赏幽默的人，其欣赏尤在于内心静默的理会，大有不可与外人道之滋味。"这"不足以与外人道之滋味"，说白了，乃是一种平和、健康、豁达的人生观之体现，太粗鄙的人、太计较的人、虚伪的人、偏执的人、想不开的人，以及火药味太重的人，等等，都很难幽默得起来，这些人在林语堂看来，都不同程度患上了"方巾气"太重的毛病，他们幽默不起来，但其实也最需要幽默。

胡适

他是白话文运动的倡议者和首批实践者。是他提出"文学革命首先是文学语言的革命"，倡议以白话替代古文，"用活的工具替代死的工具"；也是他率先用白话创作新诗，于1920年写成中国第一部新诗集《尝试集》。

王国维

他的《人间词话》，是理解汉语之美的重要论著：他提出"境界说"，以此作为衡量诗学的最高标准，所谓"有境界，则自成高格，自有名句"；"境非独谓景物也，喜怒哀乐，亦人心中之一境界"；而"境界有大小，不以是而分优劣"。

傅雷

"没有了翻译家，世界文学将是一段十足空话"，作家叶兆言评价傅雷是翻译文学领域最突出的一位，不仅向我们贩卖和推销了外国文学，还把第一流的汉语范本展现给读者，直接影响了很多有志于从事文学创作的人。

赵元任

他是白话文的倡议者之一，早在1915年已经探讨汉语字母化的可能性。他也是20世纪20年代"国语运动"的积极参与者与推动者，他与"国语统一筹备会"同仁制定的"国

知识附录

语罗马字拼音法式",成为日后汉语拼音方案的基础。

张恨水

他是民国时代"唯一妇孺皆知的作家"(老舍语),一生共创作一百多部通俗小说,总字数达两千万字,对白话文的传播居功甚伟;他提倡用中国语法构造中国文字,因为欧化体会让"匹夫匹妇莫名其妙",让人"看了头疼"。

老舍

老舍的文学作品是一部北京话百科全书。在他之前,没有哪个中国作家能够在获得文学界认可的同时,还受到上至中央领导下至黄包车夫的热情追捧。老舍不仅让"北京话"流行起来,同时,他也是个性鲜明的对外汉语教育家。

周有光

周有光历经晚清、民国、1949年后的中国,他于中年由经济研究转向语文改革,推动了汉语拼音获得国际承认。中国人民大学教授任剑涛称他是"秉承新文化运动神脉,光大民主与科学精神"的"新文化之子"。

吕叔湘

他是汉语语法研究开山者,对汉语规范化贡献极大。他亲力亲为,主编《现代汉语词典》这项工程浩大的试印本。他还致力于中学教育。作家叶兆言说:"我不知道有没有哪位中学语文教师,竟然未读过他的《开明文言读本导言》。"

叶圣陶

他是中国现代语文教育界、儿童文学界以及新闻出版业都绕不开的名字,他的《稻草人》被鲁迅称为"给中国的童话开了一条自己创作的路",他还是挖掘了巴金、丁玲、戴望舒等优秀作家的伯乐。

沈从文

"他是中国现代文学中最伟大的印象主义者。他能不着痕迹,轻轻的几笔就把一个景色的神髓,或者是人类微妙的感情脉络勾画出来。他在这一方面的功夫,直追中国的大诗人和大画家。"沈从文一直自称"乡下人",也不介意被称为乡土作家。他要用乡下人的纯性灵,来对抗都市人生活的堕落。在他笔下,人们得以认识现代文学史中的另一个天地,一个"边城"。

百年歌阅
中国现当代作家作品研习

赵树理

平民作家赵树理的小说也许无法纳入正统文学经典,但他在新文学创作时期的社会影响与时代导向作用不可替代。他的农民生活语言、民间文学形式和世俗化的审美倾向,曾经引发了精英作家的自我反省。

顾城

"黑夜给了我黑色的眼睛/我却用它寻找光明",他用诗歌创作反抗"文革"遗留下来的僵化思维,但他的"反抗",是以一种孩子的甚至是任性的方式来完成的,他没有意识到自己身上阴影的存在。

舒婷

"她温婉而充满浪漫色彩的诗意情感表达,曾丰富了汉语诗歌的书写方式。"(《诗歌周刊》)学者谢冕认为,把诗从外部世界的随意泛滥凝聚到人的情感风暴的核心,舒婷可能是个开始;她的诗反映了蜕变时期国人复杂的心理和情绪。

海子

他可能是被消费、被符号化得最多的一位当代诗人,甚至被称为"新诗神"。他的"面朝大海,春暖花开"广为人知,但他的诗歌创作对汉语的贡献、他"寻找中国诗歌自新之路"的努力,却鲜少被提及。

钱锺书

他学贯中西,跨文化地自由穿梭,那些碎片式的趣味他信手拈来。一位在茶话会上见过钱锺书本人的学者曾回忆:"钱锺书博学强识,出口成章,把许多美国人都唬着了,他在茶会中提及某一位英语诗人,就用优美的英文背诵一段这位诗人的诗作;提及另一位德国诗人,就用标准德文背诵了他的一篇作品;再提及一位拉丁诗人,他也能用拉丁文来背诵一段。"或许,这一花絮可以解释,为什么钱锺书可以"不善交际,却极通世故"——做学问可以"归纳"和"演绎",人生也一样可以。

张爱玲

语言是她的画笔,也是利器。有人写作靠天分,有人写作靠勤奋,最怕有天分的人还勤奋——张爱玲就是其中之一。她的感官仿佛是一片绒毛,每根绒毛上都带着敏锐触角,然后用具象的语言将这些抽象体验再现出来。她的语言有股女性气质的促狭,华丽

知 识 附 录

而不絮叨,生动却不轻浮。她人情练达,享受人间烟火,她喜欢又擅于描绘日常生活里的点滴。她在散文里记叙日常情绪、私人体验,令人感同身受;在小说里描画钩心斗角、争风吃醋,自己倒像冷眼旁观。她兼有女性的细腻和犀利,有时甚至对女性更犀利。她想细腻就细腻,想多情就多情,语言是她的趁手利器,想在你心上划拉一道,你就隐隐作痛。

(节选自《新周刊》2015年5月1日)

后　记

在这本书里，我们通过近30篇文学作品及评论文章的学习，全面了解了中国现当代文学百年的发展概况；通过6个专题的分类研习，较为系统地建立了关于中国现当代文学的具体认知；通过8个主题的拓展活动，在欣赏、探究、写作、朗诵、交流、展示等实践活动中，我们学会了现当代作品的读写方法。一篇篇佳作，在我们脑海中构成了中国现当代文学的鲜活图景；一次次活动，又让我们学会了研习的技能，提高了文学鉴赏的水平，逐步培养了语文核心素养。

当然，中国现当代文学的园地里百花齐放，本书不可能完全呈现。我们要自觉地将本书的学习，与课本的学习和课外整本书的阅读有机地结合起来，从而不断拓展自己对于中国现当代文学的认知；我们还应该将课内和课外学习到的知识、习得的能力贯通起来，不断提升自己的文学鉴赏水平。

文学的源头是生活。不管是诗歌，还是散文，抑或是虚构的小说，搬上舞台的戏剧，都是我们反思生活、关照自我的一种方式。如果说古典文学是先贤心血的凝练，那么现当代文学则是近人才智的结晶！同学们正青春年少，富于梦想，就让我们燃起诗情，提笔去书写现当代文学未尽的华章吧！

关于本书版权事宜的启事

收入本书的文章已获得大部分作者的授权,但还有部分作者没能联系上。请您看到本书后与上海教育出版社联系,我们将寄上样书和稿酬。

图书在版编目(CIP)数据

百年歌阕:中国现当代作家作品研习/欧阳凯主编.—上海:上海教育出版社,2018.3
(新课标　新语文　新学习/褚树荣主编)
ISBN 978-7-5444-8178-6

Ⅰ.①百... Ⅱ.①欧... Ⅲ.①阅读课—教学研究—高中
Ⅳ.①G633.332

中国版本图书馆CIP数据核字(2018)第055365号

新课标　新语文　新学习
百年歌阕:中国现当代作家作品研习
褚树荣　丛书主编
欧阳凯　本册主编

出版发行	上海教育出版社有限公司	
官　　网	www.seph.com.cn	
地　　址	上海市永福路123号	
邮　　编	200031	
印　　刷	上海展强印刷有限公司	
开　　本	787×1092　1/16　印张14.25	
字　　数	228千字	
版　　次	2018年4月第1版	
印　　次	2018年4月第1次印刷	
书　　号	ISBN 978-7-5444-8178-6/G·6765	
定　　价	35.00元	

如发现质量问题,请向本社调换　电话021-64377165